KB271881

야간 비행

세계교양전집 53

야간 비행

앙투안 드 생텍쥐페리 지음

김진형 옮김

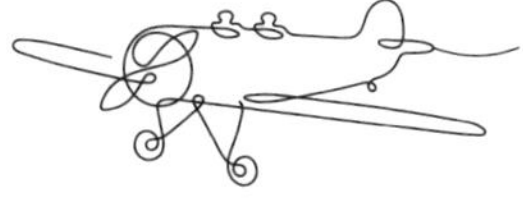

올리버

앙투안 드 생텍쥐페리Antoine De Saint-Exupéry

항공사들에게 있어서 다른 모든 운송 수단들과의 필수적인 경쟁 조건은 '속도'에 있다. 이 책에서, 천부적인 리더의 자질을 갖춘 인물로 그려지는 항공사 본부장인 리비에르는 속도에 대한 중요성을 강조하기 위해 다음과 같이 이야기한다.

"낮 동안 기차나 선박에 앞섰던 것을 매일 밤마다 까먹습니다. 이는 우리의 생사와 관련된 문제입니다."

처음에는 엄청난 반대에 직면했지만, 여러 실험 단계를 거친 후, 나중에야 비로소 받아들여진 야간 비행은 지금 이 이야기를 하는 동안에도 상당한 위험을 수반하고 있다. 모든 항공 노선에 다양한 예측 불가능한 상황에 대한 위험과 더불어 밤이라는 어둠에 숨겨진 신비스러운 보이지 않는 위험이 뒤따랐기 때문이다. 그러나 나는 이러한 위험이 여전히 크지만, 매번 새로운 야간 비행이 다음 야간 비행을 더욱 쉽게 하고 개선시키므로 날마다 점점 위험이 줄어들고 있음을 덧붙여 말하고자 한다. 항공은 미지의 땅을 탐험하는 것과 마찬가지로 초기의 영웅적 시기를 가지고 있으며, 이러한 항공 개척자 중 한 명의 비극적 모험을 다룬 『야간 비행』은 자연스럽게 진정한 서사시적 분위기를 담고 있다.

나는 생텍쥐페리의 첫 번째 장편 소설 작품인 『남방 우편기』도 좋아하지만, 『야간 비행』을 더 좋아한다. 『남방 우편기』는 어느 비행사의 추억을 감동적으로 그리고 있으며, 감상적인 줄거리가 덧붙여 있어서 우리를 주인공과 더욱 가깝게 만들어준다. 또한 주인공의 사랑을 매우 민감하게 묘사하고 있어서 우리는 주인공이 인간적이며 상처받기 쉬운 사람이라고 느끼게 된다. 『야간 비행』의 주인공은 인간성을 상실하지는 않으면서도, 초인간적인 품성을 지니고 있다. 내가 이 감동적인 이야기에서 가장 매력이 있다고 생각하는 점은 바로 주인공의 고귀함에 있다. 우리는 누구나 인간의 나약함, 포기와 타락에 대해서 너무 잘 알고 있으며, 오늘날의 문학은 이러한 점들을 파헤치고 비난하는 데에만 너무 과도하게 몰두하고 있다. 그러나 우리는 한 사람이 오직 끈질긴 의지의 힘만으로 자기 자신을 훨씬 뛰어넘는 자기 초월을 보여줄 수 있는 이야기를 필요로 했다.

내 개인적인 의견으로는, 조종사 파비앵보다 상관인 본부장 리비에르가 내게 더 인상적으로 다가온다. 리비에르는 자신이 직접 행동하지는 않지만, 조종사들에게 행동을 촉구하고 자신의 미덕을 불어넣으며 그들에게 최선을 다할 것을 요구하여 커다란 공적을 세우도록 압박한다. 그의 가차 없는 결정은 조금의 주저함도 허용하지 않으며, 아주 사소한 실수조차도 처벌한다. 처음에는 그의 엄격함이 비인간적이고 지나치다고 느낄 수도 있다. 그러나 리비에르의 엄격함의 대상은 인간 자체가 아니라, 인간의 불완전한 결점을 단련시키고자 하는 것이다. 리비에르라는 인물의 묘사를 통해 우리는 작가의 깊은 경외심을 느낄 수 있다. 나는 특히 생텍쥐페리에게 심리학적으로 큰 의미가 있는 역설적인 진리를 밝혀준 것에 대해 감사하게 생각한다. 즉, 인간의 행복은 자유에 있는 것이 아니라 의무를 다하는 데 있다는 것이다. 이 책 속에 등장하는 각각의 인물들은 자신에게 주어진 지시에 대해 의무적으로 전심전력을 다하고, 열정적으로 헌신하고 있으며, 이러한 위험한 임무를 완수함으로써, 행복한 휴식을 얻게 되는 것이다. 문장들을 읽다 보면, 리비에르가 결코 무정한 사람이 아니며(실종된 조종사의 아내가 그를 찾아왔을 때, 그녀를 대하는 장면은 지극히 감동적이다), 그가 조종사들에게 지시를 내리는 데 필요한 용기는 조종사들이 그의 지시를 수행하는 데 필요한 용기보다 더 많은 용기가 필요하다는 것을 알 수 있다.

리비에르는 생각한다.

"사랑받고자 한다면 단지 연민을 보이면 된다. 그렇지만 나는 거의 연민을 보이지 않거나, 그것을 숨긴다. …… 때때로 나의 그 놀라운 힘에 나 자신도 놀라곤 한다."

그리고 이런 말도 한다.

"당신의 지시를 따르는 사람들을 사랑하라. 그렇지만 그들에게 그것을 내색하지는 마라."

리비에르를 지배하고 있는 것은 의무감이다.

'의무에 대한 막연한 감정, 그것은 사랑의 감정보다 더 위대하다.'

인간은 자신 안에서 자신의 목적을 찾는 것이 아니라, 무엇이라고 이름 붙일 수 없는 낯선 것에 복종하고 모든 것을 희생하며 그것이 그를 지배하고 그것을 통해 살아간다는 것이다. 여기서 나는 내 작품 속 프로메테우스의 역설에 영감을 준 바로 그 '막연한 감정'을 다시 발견하게 되어 기쁘다.

'나는 인간을 사랑하지 않는다. 나는 인간을 집어삼키는 것을 사랑한다.'

이것이 모든 영웅주의의 원천이다. 리비에르는 말하고 있다.

"그럼에도 불구하고, 인간의 생명이 지구상에서 가장 소중한 것일지라도, 우리는 항상 인간의 생명보다 더 가치 있는 무언가가 있는 것처럼 행동하죠. …… 하지만 그것이 과연 무엇일까요?"

그리고 저자는 이렇게 말한다.

"아마도 구원받아야 할 더 오래 지속되는 무언가가 있을지도 모른다. 아마도 리비에르가 일하는 것은 인간의 이 부분을 구하기 위해서였을 것이다."

이것에 대해서는 의심하지는 말자.

영웅주의라는 개념이 군대에서조차도 점점 사라지게 될 것 같다. 화학자들이 예견하고 있는 미래의 끔찍한 참상을 떠올릴 수 있는 앞으로의 전쟁에서는 남성적 미덕이 어떠한 역할도 하지 못할 것이기 때문이다. 그런 가운데, 용기가 가장 눈부시게 그리고 가장 쓸모 있게 발휘될 수 있는 분야가 항공 분야가 아닐까? 그 용기는 무모한 일에 속할 수도 있지만, 특수한 명령 체계 하에 수행되는 일은 더 이상 무모함이 아니다. 자신의 생명을 끊임없이 위협 받는 조종사는 우리가 보통 '용기'라고 부르는 개념에 대해 충분히 가볍게 미소 지을 수 있는 권리가 있다. 나는 생텍쥐페리가 카사블랑카-다카르 항공 노선에서 우편 업무를 수행하기 위해 모리타니 상공을 비행하던 아주 오래된 시절에 내게 보낸 편지를 여기서 인용하는 것을 여러분이 허락해 주리라 믿는다.

"내가 언제 돌아갈 수 있을지 알 수가 없네. 몇 달 동안 해야 할 일이 너무나 많았다네. 실종된 동료 조종사도 찾아야 했고, 불귀순 지역(외부 문명을 거부하는 무어인 부족이 사는 사막 지역)에 추락한 비행기를 수리해야 했으며, 다카르행 우편기의 조종을 또한 몇 차례 수행해야 했네."

"나는 방금 작은 모험 하나를 성공적으로 해냈다네. 11명의 무어인(Moor(s), 이슬람계인으로서 이베리아반도와 북아프리카에 살았던 사람들. 아랍계와 베르베르족의 후손들)과 정비사 한 명과 함께 이틀 밤낮으로 비행기를 구조하는데 성공했네. 다양한 여러 종류의 상황들을 경험했다네. 난생 처음으로 총알이 내 머리 위로 휙 지나가는 소리를 듣기도 했지. 그래서 나는 이제 이런 상황에서 내가 어떻게 행동해야 하는지를 알게 되었고, 무어인들보다도 훨씬 더 차분했네. 그리고 내가 항상 미심쩍어하던 사실을 이해하게 되었다네. 왜 플라톤(아리스토텔레스이던가?)이 용기를 덕목들 중에서 가장 하위 단계에 두었는지를 말일세. 용기는 그다지 존경할 만한 감정들로 이루어진 것이 아니란 말일세. 약간의 분노, 약간의 허영심, 많은 고집, 그리고 저속한 스포츠적인 스릴이 뒤섞여 있다네. 무엇보다도 특히 육체적인 힘을 기르는데 용기는 아무 상관도 없다네. 그냥 셔츠 앞 단추를 풀어헤치고 팔짱을 낀 채 깊게 숨을 들이마시면, 한결 기분이 좋아진다네. 만약 밤에 그런 행동을 하게 된다면, 엄청나게 바보 같은 행동을 한 것 같은 감정이 들 것이네. 이제부터 나는 단지 용감하기만 한 사람을 존경하지는 않을 것이네."

나는 이 인용문에, 켕톤Quinton(19세기 프랑스 심리학자이자 철학자, 항공 분야 선구자)의 책에서 나온 격언을 발췌해서 서문의 방식으로 덧붙일 수도 있을 것이다(그러나 나는 이 책의 내용에 대해서 전적으로 동의하는 것은 아니다).

"사람이 사랑을 숨기듯이 용기도 숨긴다."

더 나은 표현으로는

"용감한 사람들은 선량한 사람들이 자신의 자선 행위를 숨기듯이 그들의 용감한 행위를 숨긴다. 그들은 그들의 행위를 감추거나 변명한다."

여기서 생텍쥐페리가 이야기하고 있는 모든 것은 자신이 잘 알고 있는 '직접 경험한' 이야기다. 반복적으로 닥쳐오는 위험과 마주했던 그의 개인적인 경험들이 이 책에 진정하고 더할 나위 없이 독특한 맛을 더한다. 우리는 전쟁이나 상상의 모험에 대한 내용을 다루는 많은 책들을 접하게 된다. 이런 책들 중에서 작가의 재치 있는 솜씨가 드러난 작품들도 있지만, 노병이나 진정한 모험가들이 읽었을 때 얼굴에 실소를 짓게 하는 책들도 있다. 나는 이 작품을 문학적 가치 면에서도 찬탄을 금하지 않을 수 없지만, 다큐멘터리로서의 가치 또한 높이 평가한다. 이 두 가지 특징이 융합된 『야간 비행』은 더욱 특별한 중요성을 지닌 작품이다.

앙드레 지드

디디에 도라 씨에게
이 책을 바칩니다.

I

비행기 아래로 내려다보이는 언덕들은 이미 황금빛 저녁노을 속에 골마다 그림자가 드리워져 있었다. 들판은 끊임없는 저녁 노을 빛이 쉽게 사그라지지 않을 것처럼 환하게 빛나고 있었다. 마치 겨울이 다 지나가도 하얀 눈이 여전히 남아 있는 것처럼, 이곳에서는 끊임없이 황금빛 노을이 오래도록 여운을 남기고 있었다.

남쪽 끝 파타고니아에서 부에노스아이레스를 향해 오고 있는 항공 우편기 조종사 파비앵은 항구의 일렁이는 바닷물의 물결을 보고 저녁이 다가오고 있다는 것을 알 수 있었다. 잔잔하게 퍼져 있는 수면 위로 느릿느릿한 구름이 희미하게 만들어 놓은 주름이 밤이 다가오고 있다는 것을 말해주고 있었다. 그는 거대한 축복받은 정박지에 들어서고 있다는 느낌을 받았다.

그렇지 않다면 파비앵은 마치 저녁의 고요함 속에서, 양치기라도 된 듯이 느긋하게 산책을 하고 있다는 생각을 했을지도 모른다. 파타고니아의 양치기들은 서두르지 않고 천천히 한 무리의 양떼에서 다른 무리의 양떼로 이동한다. 파비앵도 마찬가지로 이 마을에서 저 마을로 옮겨 다니며, 그 마을들의 양치기가 되었다. 파비앵은 두 시간마다 강가로 물을 마시러 오거나 평원에서 풀을 뜯고 있는 양떼들을 만나곤 했다.

때론, 파비앵은 마치 바다 한가운데처럼 인적이 드문 넓은 초원 지대를 100마일쯤 지나고 나면, 외로운 농가를 만나곤 했다. 그 농가는 인간의 삶이 실려 있는 초원의 일렁이는 배처럼 보였다. 그럴 때면 파비앵은 비행기 양쪽 날개를 흔들어서 스쳐 지나가는 배를 향해 경례하듯 인사를 보냈다.

"산 훌리안이 시계視界에 들어옴. 10분 후 착륙 예정."

기내 무선 기사는 자신들의 위치를 선상의 모든 기지국에 소식을 전달했다. 마젤란 해협에서 부에노스아이레스까지 1,500마일이 넘는 거리에 이와 같은 기항지들은 죽 늘어서 있었다. 그렇지만 이 기항지들은 아프리카에서 마지막으로 정복된 작은 마을이 미지의 신비한 세계에 있듯이, 밤의 국경을 향해 나아가고 있었다.

기내 무선 기사가 파비앵에게 한 장의 쪽지를 건네며 말했다.

'뇌우雷雨가 너무 심해서 방전 현상 때문에 제 헤드폰이 제대

로 들리지 않습니다. 오늘 밤은 산 훌리안에서 묵는 게 어떨까요?'

파비앵은 미소 지었다. 하늘은 마치 커다란 수족관처럼 고요했고, 그들 앞에 있는 모든 기항지에서 신호가 들어오고 있었다.

'하늘 맑음, 바람 없음.'

그래서 파비앵은 대답했다.

"아니, 계속 갑시다."

하지만 무선 기사는 뇌우가 마치 과일 속에 자리 잡은 벌레처럼 어딘가에 숨어 있을 것이라고 생각했다. 지금, 밤은 아름답지만 뇌우가 언제든지 망칠 것 같았다. 무선 기사는 그 썩은 기운이 느껴지는 이 어둠의 그림자 속으로 들어가는 것이 몹시 께름칙했다.

산 훌리안에 착륙하기 위해 엔진 속도를 줄이면서, 파비앵은 몹시 피곤함을 느꼈다. 인간에게 삶에 친근감을 더해 주던 모든 것들 ─ 사람들이 사는 집들, 아늑한 작은 카페들, 사람들이 산책하는 나무들 같은 것들 ─ 이 그를 맞이하듯이 점점 더 크게 다가오고 있었다. 파비앵은 정복 전쟁을 승리하고 저녁 무렵, 자신이 정복한 영토를 굽어 내려다보며 이제야 인간의 소박한 행복을 발견하는 정복자 같았다. 파비앵은 무기를 내려놓고 온 몸의 무거운 고통을 느끼고 싶었다. 심지어 우리의 불행조차 우리의 일부가 아닌가? 그리고 평범한 사람으로 남아, 창문 너머로 결코 변치 않을 바깥 풍경을 바라보고 싶었다. 이 작은 마을이라도 기꺼이 만족했다. 일단 선택을 하고 나면, 사람은 자신의 선택의 결과를 받아들이고 삶을 사랑할 수 있게 되기 때문이다. 마치 사랑처럼, 그것이 우리를 가두게 된다. 파비앵은 이곳에서 오랫동안 살기를 바랐을 것이다. 그래서 이곳의 영원함 속에서 자신만의 작은 부분을 소유하고 싶었을 것이다. 파비앵이 한 시간 동안 머물렀던 이 작은 마을들, 그리고 지나쳐온 오래된 낡은 담장으로 둘러싸인 정원들은 그와는 전혀 상관없는 마치 따로 떨어져 존재하는 영원할 것처럼 보였기 때문이다. 이제 마을은 비행기를 맞이하듯 솟아오르며 그에게 다가왔다. 그리고 파비앵은 우정에 대해, 다정한 소녀들에 대해, 조용한 집 안에 펼쳐진 하얀 식탁보의 친숙함에 대해, 서서히 영원한 것으로 길들여져 가는 모든 것들에 대해 생각했다. 마을은 어느 새 비행기의 날개를 스쳐 지나갔고, 닫혀 있는 정원의 신비는 더 이상 담장의 보호를 받지 못하고 드러났다. 그런데도 파비앵은 착륙하고 나서 아무 것도 보지 못했다는 것을 알았다. 다만 몇 명의 사람들이 그들의 돌담 사이를 천천히 움직이고 있다는 것을 보았을 뿐이었다. 마을은 단지 움직이지 않음으로써 열정의 비밀을 지키고, 달콤한 삶을 보여 주기를 거부했다. 파비앵이 마을의 달콤한 삶을 얻고자 했다면 아마도 비행이라는 행동을 포기해야만 했을 것이다.

기항한지 10분이 지났고, 파비앵은 다시 비행을 시작했다.

파비앵은 산 훌리안을 되돌아보았다. 이제 그가 볼 수 있는 것은 빛의 무리와 별들, 그리고 반짝이다가 사라지는 별 가루뿐이었으며, 그것이 그를 마지막으로 유혹하고 있었다.

'이제 계기판이 보이지 않는다. 조명을 켜야지.'

파비앵은 스위치를 눌러보았지만, 조종석의 붉은 램프에서 다이얼 바늘 위로 떨어지는 붉은 빛이 푸른 저녁 대기와 뒤섞여 너무 흐리게 보여, 계기판의 바늘이 제대로 드러나 보이지 않았다. 파비앵이 손가락을 램프 가까이 가져가도 손가락을 겨우 붉게 물들이는 정도에 지나지 않았다.

'너무 이르군.'

그렇지만 밤은 어느새 황갈색 검은 연기처럼 피어오르기 시작했고, 이미 계곡들은 어둠이 가득 물들어 있었다. 이제는 더 이상 계곡과 평야가 구별되지 않았다. 이미 마을들이 불을 밝히면서, 황혼 속에서 서로 조화를 이루는 별자리처럼 빛나고 있었다. 파비앵도 손가락으로 비행기의 위치를 알려 주는 표지등을 깜박거리면서 마을들에게 응답을 보냈다. 바다를 비추는 등대처럼 마을의 집들이 무한한 밤을 향해 자기들만의 별을 밝히듯 불을 밝히면서, 대지는 온통 불빛의 신호로 반짝거렸다. 이제 인간의 삶이 머무는 모든 것들이 반짝이고 있었다. 파비앵은 이런 밤의 시간으로 흘러 들어가는 것이 마치 조용하고 아름다운 항구에 들어가는 배처럼 느껴져 흐뭇해하며 느긋하게 감상하고 있었다.

파비앵은 조종석 안쪽으로 머리를 깊숙이 파묻었다. 계기판 바늘이 빛을 발하기 시작했다. 파비앵은 계기판의 숫자를 하나하나 꼼꼼히 체크하며, 모든 것이 잘 진행되고 있다고 생각했다. 그는 창공에서 안전하게 자리 잡고 있다는 생각에 만족스러웠다. 파비앵은 손가락으로 강철로 이루어진 관을 따라 움직이며, 금속 덩어리에도 생명이 흐르는 것을 느꼈다. 금속은 진동하는 것이 아니라, 살아 움직이고 있었다. 500마력의 엔진은 이 강철관 속에 매우 부드러운 열기를 만들어내서 얼음처럼 차가운 금속을 벨벳처럼 부드러운 살로 변하게 했다. 파비앵은 비행하는 동안 들뜬 기쁨이나 짜릿함을 느끼는 게 아니라 다시 한 번 육체의 신비함이 살아 움직이고 있는 것을 경험했다.

그래서 파비앵은 다시 자신만의 세계를 재구성했다. 그는 그 세계 속에서 좀 더 편안해지기 위해 팔꿈치를 몇 번 살짝 움직였다. 파비앵은 배전판을 두드리고, 스위치를 하나씩 만지며 팔다리를 조금 움직였고, 등을 편안하게 기대어 어둠 속에서 흔들리는 5톤의 금속체가 미세하게 흔들리는 진동을 느낄 수 있는 최적의 위치를 찾아 자리를 잡았다. 파비앵은 손가락으로 더듬거리며 비상 램프를 제자리에 꽂았다가 다시 놓고, 다시 만져보며 비상 램프가 미끄러지지 않고 고정된 것을 확인하고 제자리에 꽂았다. 그리고 나중에 꼭 찾을 수 있도록 각 조종간을 가볍게 만지며, 어둠 속에서도 언제든지 붙잡을 수 있도록 손가락을 훈련시켰다. 그의 손가락이 모든 것을 완전히 익힌 뒤에야 비로소 조심스레 램프를 하나 켰고, 조종석의 모든 장치들은 밝게 반짝였다. 그리고 잠수함이 물속으로 잠수하듯이, 계기판만을 바라보며 어둠 속으로 나아가는 것을 지켜보았다. 드디어 자이로스코프gyroscope(임의의 축을 중심으로 자유롭게 회전할 수 있는 틀 속에 빠르게 도는 팽이를 장치한 것. 팽이가 빠르게 회전하는 동안 팽이의 회전축이 항상 일정한 방향을 가리키는 성질을 이용한 것으로 선박 및 항공기용 나침반, 대형 선박의 수평 안정 장치, 로켓의 관성 유도 장치 등에 응용된다.)나 고도계 어느 것도 흔들리거나 덜컹거리지 않았고, 엔진 또한 회전 속도가 일정하게 고정되어 매끄럽게 작동하고 있었다. 그래서 파비앵은 이제 조금 몸의 긴장을 풀고 목을 가죽 의자에 기댄 채, 비행하면서 형언할 수 없는 희망으로 부드럽게 물든 깊은 명상에 잠겼다.

이제, 파비앵은 깊은 밤의 파수꾼처럼 밤이 보여주는 인간의 존재, 부름, 불빛, 그리고 불안 같은 것들을 발견한다. 어둠 속에서 외로이 빛나는 저 별 하나, 그것은 외로운 집 한 채다. 저기 희미해져 가는 별, 그것은 사랑 속에 문을 닫는 집이다. 혹은 걱정을 향해 다가가는 것이다. 그 집은 더 이상 세상과의 교신을 주고받지 않는 집이다. 식탁의 램프 불빛 아래 팔꿈치를 괴고 앉아 있는 농부들은 자신들이 바라는 것이 무엇인지 알지 못한다. 또한 자신들의 욕망이 자신들을 둘러싼 광대한 어둠 속으로 얼마나 멀리까지 뻗어 와 닿을 지 짐작하지 못한다. 그러나 파비앵은 1,000마일이나 떨어진 곳에서 출발해 날아오는 동안, 극심한 격동 속에서 숨 가쁜 비행기를 들었다 놓았다 하는 것을 느낄 때, 마치 전쟁터와 같은 뇌우가 열두 번이나 지나고, 그 사이에 비추는 달빛을 가로지르며 지나올 때, 비로소 그는 승리감에 젖어 정복자의 기분으로 그 불빛들 하나하나에 다가갈 때 그들의 욕망을 발견한다. 이 농부들은 자신들의 등불이 오직 초라한 작은 식탁을 비추기 위한 것이라고 생각하지만, 50마일이나 떨어진 곳에서는 누군가 마치 고립된 섬에서 절망적인 신호를 보내는 난파선의 선원들처럼, 그 불빛의 부름에 감동한다.

II

따라서 파타고니아, 칠레, 파라과이에서 출발한 항공 우편기는 각각 남쪽, 서쪽, 북쪽에서 부에노스아이레스로 돌아오고 있었다. 부에노스아이레스에서는 자정쯤에 출발하는 유럽행 우편기가 그들의 우편물을 기다리고 있었다.

각 우편기의 세 명의 조종사들은 각각 짐을 실어 나르는 짐배와 같은 비행기의 무거운 엔진 후드 뒤에 앉아 먼 어둠 속을 헤매며 자신의 비행에 몰두하고 있었다. 그들은 머지않아 뇌우가 치는 하늘이나 고요한 하늘에서 거대한 도시를 향해 천천히 내려올 것이다. 마치 높은 산지에서 내려오는 벽지의 야생적이고 이국적인 농민들처럼 말이다.

전체 항로를 책임지고 있던 리비에르는 부에노스아이레스 착륙장 위를 이리저리 오가며 서성이고 있었다. 리비에르는 조용하니 말이 없었다. 세 대의 비행기가 모두 부에노스아이레스 착륙장에 도착하기 전까지는 하루 종일 불안한 감정을 떨쳐낼 수 없었기 때문이다. 시시각각으로 전보가 전달될 때마다, 리비에르는 운명을 상대로 또 한 번 승리를 거둔 듯한 느낌을 받았고, 미지의 영역을 줄이며 자신의 임무를 수행하는 승무원들을 밤의 덫으로부터 안전한 해변으로 무사히 이끌어 오고 있다고 생각했다.

한 직원이 무선국의 메시지를 들고 리비에르에게 다가왔다.

'칠레 우편기 보고: 부에노스아이레스가 시야에 들어옴.'

"좋아."

이제 리비에르는 칠레에서 오는 우편기의 윙윙거리는 소리를 들을 것이다. 밀물과 썰물 그리고 신비한 비밀로 가득 찬 바다가 오랫동안 파도의 장난감처럼 흔들어대던 보물을 해안에 내려놓듯이 이미 밤은 비행기 하나를 내려주고 있었다. 곧 밤으로부터 나머지 두 대의 비행기도 돌려받게 될 것이다.

그러면 오늘 하루의 작업은 무탈하게 끝날 것이다. 그러면 비행하느라 지친 승무원들은 잠자리로 갈 것이고, 그들을 대신해서 새로운 활기 넘치는 승무원들이 이어받을 것이다. 그렇지만 리비에르는 조금도 쉴 틈이 없다. 이제는 유럽으로 향하는 우편기가 리비에르의 마음을 짓누를 것이기 때문이다. 그는 항상 그래왔다, 언제까지나. 생전 처음으로 늙은 베테랑 투사 리비에르는 스스로 자기 자신이 지쳐있다는 것을 느끼고 소스라치게 놀랐다. 비행기의 도착이 전쟁을 끝내고 이제부터는 행복한 평화의 미소를 예고하는 승리를 의미하는 것은 결코 아니다. 그에게 있어서 그것은 단지 앞으로 걸어 나가야 할 천 걸음 중에서 불과 한 걸음을 나아간 것일 뿐이다. 리비에르는 마치 오래전부터 팽팽하게 긴장된 팔로 무거운 짐을 들고 있는 것 같았다. 휴식도 없고 희망도 없는 절망적인 노력일 뿐이었다.

'나도 이제 늙어가는구나…….'

리비에르가 더 이상 자신의 유일한 행동에서 위안을 찾지 못한다면, 분명 그는 늙어가고 있다는 것이다. 리비에르는 지금까지 한 번도 생각해보지 않은 문제들에 대해 곰곰이 생각하고 있는 자신을 발견하고는 깜짝 놀랐다. 그러나 그가 그동안 제쳐두었던 인생의 부드러운 즐거움들이 하나의 커다란 덩어리가 되어 지표 잃은 대양처럼 그의 마음속에 우수에 젖은 속삭임처럼 그에게 되돌아왔다.

'이렇게 빨리 가까이 다가와 있었던가!'

리비에르는 인간에게 삶을 즐겁게 해주는 모든 것을, 늙어서까지 '시간이 있을 때'로 계속 미루어두었다는 것을 깨달았다. 마치 어느 날 언젠가는 '시간이 있을 것'이라고 상상하며, 인생의 끝에 이르러서는 평화와 행복을 얻을 수 있을 것처럼 말이다! 그렇지만, 평화는 있을 수 없었다. 아마 승리도 있을 수 없을지도 모른다. 모든 우편기가 한 번에 한꺼번에 도착하는 일은 결코 없을 것이다.

리비에르는 정비감독 르루 앞에서 잠시 멈췄다. 늙었지만 르루는 여전히 열심히 일하고 있었다. 르루 또한 40년 동안이나 이 일을 해 오고 있었다. 르루는 모든 정열을 바쳐 오직 이 일을 해 오고 있었다. 열 시나 자정 무렵에 퇴근하고 집으로 돌아간다고 하지라도, 그 집이 르루에게 결코 새로운 풍경이나 다른 세계로의 도피처가 되는 것은 아니었다. 리비에르가 그를 향해 미소를 지었을 때, 르루는 무거운 머리를 들어 올리며 푸른색의 회전축을 가리켰다.

"이게 너무 꽉 끼워져 있었습니다. 내가 좀 느슨하게 풀어서 조절해 놓았습니다."

리비에르는 몸을 숙여 그 회전축을 살펴보았다. 리비에르의 직업의식이 다시 고개를 들게 했다.

"작업반에게 이 부속품을 좀 더 느슨하게 조절하라고 말해주는 게 좋겠군."

리비에르는 꽉 끼워져 있던 부분을 손가락으로 만져본 뒤 다시 르루를 바라보았다. 그의 시선이 엄격하고 주름진 늙은 르루의 얼굴을 오래 동안 응시하는 동안, 이상야릇한 질문이 그의 입술에 맴돌았다. 그리고는 이내 미소를 지으며 물었다.

"르루, 자넨 지금껏 살아오면서 사랑에 빠져본 일이 많았나?"

"사랑이라고요…!, 글쎄요, 본부장님도 보시다시피……"

"나와 같은 신세로군. 사랑에 쓸 시간이 없었다는 거지."

"그다지 많지는 않았습니다, 본부장님."

리비에르는 르루의 대답 속에 어떤 쓸쓸함이라도 실려 있는지 알아보기 위해 그의 목소리에 귀를 기울였다. 그의 목소리에는 단 한 점의 슬픈 느낌도 없었다. 지나간 인생을 되돌아 볼 때 이 사람은, 마치 나무판을 아름답게 잘 다듬어낸 목수의 조용한 만족감을 느끼고 있었다.

'자, 다 끝냈다!'

리비에르는 생각했다.

'내 인생도 다 되었군.'

그런 뒤, 리비에르는 피로가 몰고 온 우울한 생각들을 털어내고, 격납고 쪽으로 걸어갔다. 칠레에서 오는 우편기가 격납고를 향해 요란하게 윙윙거리며 내려오고 있었기 때문이다.

III

멀리서 들려오는 엔진 소리가 점점 더 커지고 묵직해졌으며, 소리가 폭음으로 무르익어 갔다. 불빛이 여기저기서 번쩍이며 켜졌다. 항공표지등의 붉은 램프가 격납고와 무선전신탑, 사각형 모양의 착륙장을 비추면서 그 실루엣들이 드러났다. 축제의 밤을 위해 준비하는 것이었다.

'도착!'

비행기가 한 다발의 관제등 불빛을 받으면서 착륙하고 있었다. 비행기가 어찌나 반짝거리든지 마치 새 것처럼 보였다. 비행기가 격납고 앞에 멈추자마자 정비사들과 비행장 직원들이 서둘러 우편물을 내리기 위해 달려들었다. 그런데 조종사인 펠르랭만은 꼼짝도 하지 않고 있었다.

"아니, 내리지 않을 겁니까?"

펠르랭은 어떤 알 수 없는 생각에 몰두한 듯, 아무런 대답이 없었다. 아마도 그가 비행하던 중 혼자서만 들을 수 있었던 소음들이 귓전에 여전히 맴돌고 있었는지도 모른다. 펠르랭은 서서히 고개를 끄덕이더니 몸을 앞으로 숙이고 보이지 않는 어떤 물체를 만지작거렸다. 마침내 펠르랭은 상사와 동료들을 향해 몸을 틀어 돌아서서, 그들이 자신의 소유물인 것처럼 의미심장하게 바라보았다. 펠르랭은 상사와 동료들의 수를 세고, 저울질하고, 측정하며, 검토하는 것처럼 보였다. 펠르랭은 자신이 마치 이 사람들과 축제의 장소처럼 화려한 조명과 단단한 콘크리트로 이루어진 격납고, 그리고 멀리 보이는 생동감과 열기, 여성들로 가득한 도시까지도 되찾았다고 생각했다. 펠르랭은 자신의 넓고 큰 두 손으로 이 사람들을 마치 자신의 신하처럼 움켜쥐고 있었다. 마음 내키는 대로 그들을 만질 수도 있고, 그들의 말을 들을 수고 있으며, 그들에게 마구 욕설을 퍼부을 수도 있었으니까. 처음에 펠르랭은 그들이 달이나 바라보면서 마치 살아 있다는 것을 확신하는 듯 보여서 충동적으로 욕설을 퍼부어줄 생각이었지만, 그러기에는 그는 너무 착한 사람이었다.

"……술이나 한잔 사요!"

이렇게 말하고는 펠르랭은 비행기에서 내렸다.

펠르랭은 상사와 동료들에게 자신의 비행에 대해 이야기하고 싶었다.

"오늘 비행이 어땠었는지 알기나 해요……!"

펠르랭은 분명히 이 정도만으로도 충분히 모든 것을 알아들었을 것이라고 생각하고는 비행복을 벗기 위해 걸어 나갔다.

펠르랭이 우울한 감독관과 말이 없는 조용한 리비에르와 동행으로 자동차를 타고 부에노스아이레스로 가고 있을 때, 갑자기 서글픔이 밀려왔다. 물론 그는 생각했다. 사람으로서 위험한 일을 겪고 나서 다시 단단한 땅을 두 발로 서서, 건강하게 욕설을 퍼부을 수 있다는 것이 얼마나 멋진 일인가! 세상에서 이보다 더 짜릿한 것은 없다! 하지만 기억을 더듬어 돌이켜 생각해 보면 뭔지 알 수 없는 의혹이 들었다.

태풍과의 싸움, 그것은 명백한 진짜 사실이었다. 그러나 사물들의 모습, 그 사물들이 홀로 있다고 생각할 때의 그 모습은 아니었다. 펠르랭은 생각했다.

'마치 혁명과 같았지. 사물들의 모습이 조금 흐릿했던 모습이, 완전히 그렇게 바뀌다니!'

펠르랭은 그때의 기억을 떠올리려고 무진 애를 썼다.

펠르랭은 안데스 산맥을 평화롭게 횡단하고 있었다. 눈으로 뒤덮인 고요함이 산맥 위에 내려앉아 있었고, 겨울눈은 이 광활한 대지 전체에 평화를 가져다주었다. 마치 오래된 성에서 수세기가 흘러도 평화가 스며드는 것처럼 말이다. 200마일에 걸쳐 인간의 흔적이나, 생명의 숨결이나, 한 사람의 움직임조차 없이 지나갔다. 오직 12,000피트 상공에서 거의 손에 닿을 듯한 가파른 봉우리들, 병풍처럼 쫙 펼쳐진 다양한 모양의 가파른 암석들, 그리고 숨 막힐 것만 같은 평온함만이 존재했다.

그 사건은 투풍가토 봉우리 근처 어딘가에서 일어났다…….

펠르랭은 기억을 더듬어 보았다. 그렇다, 펠르랭은 바로 그곳에서 기적이 일어나는 것을 목격했다.

펠르랭은 처음에는 별다른 것을 보지 못했지만, 막연하게나마 불안감 정도만 느꼈다. 마치 자신이 혼자 있다고 믿고 있었는데 실제로는 누군가가 자신을 지켜보고 있는 것 같은 느낌이었다. 펠르랭은 너무 늦게, 그리고 어떻게 된 영문인지 도무지 이해할 수 없을 정도로 분노에 휩싸여 있음을 깨달았다. 도대체 이 분노는 어디에서 오는 것일까?

분노가 그를 둘러싼 바위들에서 나오고, 하얀 눈에서 나온다는 것을 무슨 수로 짐작할 수 있었겠는가? 펠르랭 쪽으로 아무것도 위협적으로 다가오는 것이 없었고, 또한 폭풍이 몰려오는 것도 아니었다. 그럼에도 불구하고, 그와 닮았으면서도 어딘가 다른 또 하나의 세계가 그를 둘러싼 세계에서 튀어 나오고 있었다. 펠르랭은 설명할 수 없는 고통스런 마음으로 조용해 보이는 모든 산봉우리들, 그리고 그 능선들, 남아 있는 눈이 옅게 회색빛으로 변한 산마루를 바라보았다. 그것들은 생명을 얻은 듯,

마치 눈의 백성처럼 살아 움직이기 시작했다.

펠르랭은 본능적으로 조종간을 손아귀로 꽉 움켜쥐었다. 그가 이해할 수 없는 무언가가 다가오고 있었다. 그는 마치 야생 동물이 뛰어오르기 위해 도약을 준비하는 것처럼 근육을 팽팽하게 긴장시켰다. 그렇지만 눈이 닿는 모든 것은 평화로웠다. 평화롭기는 했지만, 그 속에는 어딘가 어두운 힘으로 긴장된 상태였다.

갑자기 모든 것이 날카롭게 느껴졌다. 펠르랭을 둘러 싼 봉우리들과 능선들이 무거운 맞바람을 가르는 뾰족한 뱃머리처럼 보였다. 마치 거대한 군함이 자신에게 유리한 전투 대형을 잡으려고 하는 것처럼, 펠르랭을 중심으로 맴돌고 있는 것 같았다. 먼지가 공기와 뒤섞여 휘날리며 떠올라, 눈 위에 장막처럼 드리워졌다. 그제서야 펠르랭은 빠져나갈 길이 있는지 확인하기 위해 뒤를 돌아보고는 몸서리를 쳤다. 그의 뒤편에는 안데스 산맥 전체가 부글부글 끓어오르는 듯 요동을 치고 있었다.

'난 이제 죽었군!'

그의 앞에 있는 봉우리에서 마치 눈을 뿜어내는 화산처럼 눈보라가 공중으로 휘몰아치고 있었다. 그의 오른쪽에 있는 또 다른 봉우리에서도 눈을 뿜어내고 있었고, 하나씩하나씩 모든 봉우리들이 연달아 눈을 뿜어내고 있었다. 마치 보이지 않는 어떤 전령이 그것들을 회색 불꽃으로 만든 것처럼 말이다. 그렇게 한

바탕 강풍이 불어 닥치자 조종사를 둘러 싼 주변의 모든 산들
이 심하게 요동쳤다.

그 격렬한 요동은 거의 흔적을 남기지 않았다. 펠르랭은 그때
자신을 좌우로 흔들었던 돌풍을 전혀 기억하지 못했다. 펠르랭
이 확실히 기억하는 것은 단지 회색 불꽃의 혼란 속에서 벌어진
맹렬한 사투였다.

펠르랭은 곰곰이 생각했다.

'태풍 따위는 아무것도 아니야. 사람은 그저 자기 목숨만 건
질 수 있으면 되는 거지! 중요한 건 그 이전에 일어나는 일, 즉
태풍과 맞닥뜨리기 바로 직전이야!'

하지만 펠르랭은 수천 가지의 경험들 중 하나를 떠올렸다고
생각했지만, 그는 이미 그 경험이 어떠했는지를 잊어버리고 말
았다.

IV

리비에르는 펠르랭을 흘낏 쳐다보았다. 20분 후면, 펠르랭은 차에서 내려 자신의 피로의 무게를 느끼며 군중 속으로 섞여 들어가게 될 것이다. 아마도 펠르랭은 이렇게 중얼거릴는지도 모른다.

'언제나 그렇듯 엄청 피곤하군. 정말 비참한 직업이군!'

아내에게는 어쩌면 한두 마디를 흘려놓을지도 모른다.

'하늘 위 안데스 산맥 위를 나는 것보다는 여기 있는 게 훨씬 낫지!'

그럼에도 불구하고 펠르랭은 사람들이 강하게 집착하는 거의 모든 것에 대해서는 초연해졌다. 펠르랭은 그것들이 형편없음을 이제 막 알게 되었기 때문이다. 펠르랭은 이 도시의 불빛을 다시 보게 될 수 있을지도 모른 채, 이 도시와 다른 세계에서 몇 시간 동안의 삶을 경험한 뒤 돌아온 것이다. 귀찮지만 소중한 어린 시절 여자 친구들, 또한 자신의 작은 인간적 약점들을 알 수 있을지에 대해서도 알 수 없이 말이다.

리비에르는 곰곰이 생각에 잠긴 채 혼잣말을 했다.

"모든 군중 속에는 겉보기에는 다른 사람들과 다를 바 없어 보이지만, 놀라운 일을 하는 비범한 사람들이 있다. 아마도 그들 자신은 그런 일을 한다는 사실을 알지 못한다. 누군가 말하지 않는 한……"

리비에르는 이러한 모험의 고차원적인 의미를 제대로 이해하지 못하는 일부 추종자들을 경계했다. 그들의 헛된 추종이 이러한 모험의 신성한 의미를 왜곡하고 인간의 존엄성을 훼손할 수 있기 때문이다. 그러나 펠르랭은 자기도 모르게 그 세상을 언뜻 바라봤을 때, 그 세상의 가치를 누구보다 아주 확실하게 깨달았으며, 천박한 아첨을 대담하게 거부할 줄 아는 겸손한 태도를 보임으로써, 자신의 위대함을 지켜내고 있었다. 그래서 리비에르는 펠르랭을 칭찬하며 말했다.

"어떻게 해냈나?"

리비에르는 펠르랭이 대장장이가 모루에게 불어넣듯 오직 '직업적인 이야기'인 비행 이야기만 단순하게 풀어놓은 것을 좋아했다.

펠르랭은 자신의 퇴로가 차단되어 진퇴양란에 빠진 이야기를 시작했다. 마치 그 일에 대해 변명하려는 듯했다.

"달리 방법이 없었습니다!"

눈 때문에 한치 앞을 볼 수 없는 상황이었으며, 자신이 극적으로 탈출할 수 있었던 것은 갑자기 강력한 기류가 비행기를 25,000피트까지 끌어올렸기 때문이라고 말했다.

"횡단하는 동안 내내 산봉우리 바로 위를 계속 지나가고 있었던 것 같아요."

펠르랭은 자이로스코프의 공기 흡입구를 눈이 막고 있어서 흡입구의 위치를 조정해야만 했던 이야기도 했다.

"흡입구에 서리 같은 얼음층이 생겼더라고요."

그 후 또 다른 기류가 불어와 펠르랭을 아래로 밀어냈고, 고도가 10,000피트 정도까지 떨어졌을 때 왜 자신이 그때까지 아무것에도 부딪히지 않았는지가 의아스러웠다. 그는 이미 평원 위를 날고 있었기 때문이다.

"맑은 하늘로 들어섰을 때, 내가 평원 위를 날고 있다는 것을 알게 되었거든요."

펠르랭은 그 순간의 느낌이 마치 동굴에서 탈출한 것 같은 기분이었다고 말했다.

"멘도사에서도 폭풍이 있었나?"

"아니요. 제가 착륙할 때 하늘은 맑았고, 바람 한 점 없었습니다. 하지만 폭풍은 확실히 바로 제 뒤를 쫓아오고 있었습니다."

펠르랭은 그것이 참으로 '이상한 폭풍'이었다고 하면서, 그래서 설명한다고 했다. 폭풍의 정상은 높은 곳에서 눈 속에 잠겨 있었고, 폭풍의 기저는 검은 용암의 홍수처럼 평야 위로 흘러내리는 듯했으며, 마을을 하나씩 삼켜버렸다.

"전, 이런 광경은 전혀 본 적이 없어…."

그리고는 말을 잇지 못하고 어떤 알 수 없는 기억에 사로잡혀 다시 침묵에 잠겼다.

리비에르는 감독관에게로 몸을 돌렸다.

"그것은 태평양에서 온 태풍이야. 어떤 조치를 취하기에는 너무 늦게 통보를 받았거든. 어쨌든 이런 태풍은 안데스 산맥을 넘어 온 적은 없어."

아무도 이 태풍이 동쪽으로 계속 따라 올 것이라는 사실을 예측하지 못했다. 이러한 사안에 대해 아무것도 모르는 감독관은 동의했다.

감독관은 말을 하려는 듯 보였다. 그러나 그는 주저하며 펠르랭을 향해 몸을 돌렸고, 그의 목젖이 움직였다. 하지만 그는 계속 침묵을 지켰고, 잠시 생각에 잠겼다가 바로 앞을 응시하며 우울한 위엄을 되찾았다.

감독관은 우울함을 마치 지갑처럼 항상 호주머니에 넣고 다

넜다. 몇 가지 불분명한 일로 어젯밤 리비에르로부터 호출을 받고 아르헨티나에 도착하자마자 그는 자신의 커다란 손과 감독관으로서의 품위 때문에 마음속으로 곤혹스러움을 느끼고 있었다. 그는 상상력이나 즉흥적인 재치에 대해 감탄할 권리가 없었다. 그의 일은 오직 정확한 업무 수행만을 칭찬하는 것이었다. 그는 동료들과 동석한 자리에서 술 한 잔 할 수도, 동료의 이름을 자연스럽게 부를 수도, 농담을 주고받을 수도 없었다. 물론, 아주 드문 경우로 같은 기항지에서 다른 감독관을 만나게 되는 경우를 제외하고는 말이다.

그는 생각했다.

'항상 감독관이 된다는 것은 괴로운 일이군.'

사실, 그는 결코 심판을 내리지 않았다. 그는 단지 고개를 끄덕였을 뿐이었다. 아무 것도 알지 못한다는 사실을 감추기 위해 그는 온갖 일에 대해 천천히, 사려 깊게 생각하는 것처럼 고개를 끄덕였던 것이다. 이러한 그의 움직임은 양심에 가책을 느낀 사람들에게 공포를 불러일으켰으며, 그들이 장비를 적절하게 잘 운영할 수 있게 했다.

그는 동료들로부터 그리 사랑받지 못했다. 감독관은 사랑과 즐거움을 위해 존재하는 것이 아니라, 오직 보고서를 작성하기 위해 존재하기 때문이다. 그는 리비에르로부터 다음과 같이 쓴 메모를 받아본 후로 새로운 제도 변경이나 기술적 개선을 제안

하는 것을 그만두었다.

'로비노 감독관은 시를 쓰는 것이 아니라 보고서를 제출해 주시기 바랍니다. 로비노 감독관은 직원들의 개인적인 열정을 고무시킴으로로써 자신의 능력을 더욱 잘 발휘할 수 있도록 해주시기 바랍니다.'

그 이후로 로비노 감독관은 직원들의 약점을 마치 매일의 양식처럼 파고들었다. 술을 과하게 마신 기계공, 밤늦게까지 깨어 있는 비행장 감독, 착륙 중 매끄럽게 조종하지 못한 조종사에게 말이다.

리비에르는 로비노 감독관에 대해 이렇게 말했다.

"그는 그리 영리하지는 않지만, 그런 점에서 우리에게 매우 유용하지."

리비에르가 엄격히 자신에게 적용한 규칙 중 하나는 부하 직원들에 대한 인식이었다. 로비노에게 중요한 지식은 '명령'에 대한 인식뿐이었다.

리비에르가 어느 날 로비노 감독관에게 말했다.

"로비노, 비행기가 늦게 이륙한 사람들에게는 정시에 이륙했을 때 받는 특별 수당은 반드시 삭감해야 하네."

"아무 잘못이 없는 경우에도요? 예를 들어, 안개가 낀 경우?"

"안개가 낀 경우에도 마찬가지일세."

로비노는 자신의 상사가 부당함을 두려워하지 않을 만큼 강하다는 사실에 자부심을 느꼈다. 로비노 자신도 틀림없이 이러한 자만에 찬 권력으로부터 위엄을 얻어 낼 수 있으리라!

로비노는 비행장 감독들에게 말하곤 했다.

"당신은 비행기 이륙 시간을 6시 15분으로 미루셨습니다. 그래서 우리는 당신에게 특별 수당을 지불할 수 없습니다."

"하지만, 로비노 감독관, 5시 30분에는 10야드 앞도 볼 수가 없었습니다!"

"그것이 규칙입니다."

"하지만, 로비노 감독관, 우리가 빗자루로 안개를 쓸어낼 수는 없지 않습니까!"

로비노는 애매모호한 태도로 현재의 상황을 회피해버렸다. 그는 행정을 집행하는 관리 감독관이었다. 팽이처럼 움직이는 이 무능한 자들 중 오직 자신만이 그들을 충분히 처벌함으로써 비행시간을 제대로 지킬 수 있다는 것을 알고 있었다.

리비에르는 그에 대해 말하곤 했다.

"그는 전혀 생각을 하지 않아, 그래서 잘못 생각하는 일도 없지."

비행기를 손상시킨 조종사는 무사고 수당을 받지 못했다.

"그런데 만약 조종사가 숲 위를 날고 있을 때 엔진이 고장난다면 어떻게 합니까?"

로비노는 그의 상관인 리비에르에게 물었다.

"숲에서 발생했더라도 마찬가지야."

로비노는 그의 상관인 리비에르가 직접 말한 것을 마음속 깊이 새겼다.

그는 활기찬 열정으로 조종사들에게 이렇게 말하곤 했다.

"유감스럽습니다. 정말로 매우 유감스럽지만, 다른 곳에서 고장이 났어야 했습니다."

"하지만, 로비노 감독관, 우리가 고장 날 장소를 선택할 수 있는 것은 아닙니다."

"그것이 규칙입니다."

리비에르는 규칙들이 마치 종교 의식과 같다고 생각했다.

'규칙들이 터무니없게 보일 수도 있지만 사람들은 그 틀 안에서 형성되어 간다.'

리비에르에게 자신이 정의로워 보이거나 그렇지 않아 보이는지는 중요하지 않았다. 아마도 그 말들은 그에게 아무런 의미가 없었을지 모른다. 작은 마을의 소박한 주민들은 매일 저녁 연주 공연을 보러 야외음악당을 산책한다. 리비에르는 생각했다.

'그들에게 정의롭거나 그렇지 않다고 말하는 것은 부질없는 일이다. 그들은 존재하지 않으니까.'

그에게 있어, 인간이란 단순히 주물러서 만들 수 있는 밀랍 덩어리에 불과했다. 그의 임무는 이 밀랍 덩어리에 영혼을 불어넣어 의지력을 주입하는 것이었다. 그는 그들을 엄격하게 대해서 굴복시키려는 것이 아니었다. 그의 목표는 그들을 스스로의 한계를 뛰어 넘도록 성장시키는 것이었다. 각각의 출발 지연에 대해 그들에게 벌을 준다는 것이 분명 불공정한 행동이었지만, 그렇게 함으로써 모든 승무원들이 정시에 이륙하도록 하는 의지를 심어줄 수 있다. 혹은 정확히 말하면, 그들에게 시간을 지킬 의지를 심어주는 것이었다. 안개 낀 날씨를 한가로운 시간을 보낼 구실로 삼을 수 있도록 직원들에게 허락하지 않음으로써, 리비에르는 그들이 안개가 걷히기를 긴장하며 숨죽여 기다리도록 만들었고, 심지어 가장 말단의 기술자조차도 출발 지연에 대해 부끄러움을 느끼게 만들었다. 그리하여 그들은 꽉 막힌 하늘에 난 아주 조그만 틈이라도 발견하면 신속하게 움직였다.

"북쪽에 길이 열렸음. 출발!"

리비에르 덕분에, 항공 우편기는 육지와 바다를 가로질러 20,000마일에 달하는 거리를 뛰어넘어 가장 중요한 역할을 하게 되었다.

리비에르는 가끔 이렇게 말하곤 했다.

"사람들은 즐거워 해. 왜냐하면 그들은 자신들의 일을 좋아하거든, 그 이유는 아마도 내가 그들에게 엄격하게 했기 때문일 거야."

리비에르가 엄격했을지도 모르지만, 그럼에도 불구하고 직원들에게 큰 기쁨을 주었다. 그는 혼잣말로 이렇게 말하곤 했다.

"그들은 고통과 기쁨이 함께하는 강렬한 삶으로 나아가도록 격려할 필요가 있어. 그런 삶만이 중요하니까."

자동차가 시내로 들어서게 되자, 리비에르는 운전자에게 사무실로 가자고 했다. 그래서 로비노 감독관은 조종사 펠르랭과 단둘이 남게 되었다. 로비노는 펠르랭에게 말을 걸려고 입을 떼었다.

V

그날 밤 로비노는 많이 피곤했다. 승리자 펠르랭을 바라보며, 로비노는 자신의 삶이 얼마나 칙칙한지 깨달았다. 더 최악인 것은, 감독관이라는 직위와 권위를 가지고 있음에도 불구하고, 로비노 자신이 비행으로 지친 피로한 조종사 곁에서 보잘것없는 존재로 느껴진다는 사실이었다. 조그만 자동차의 구석에 웅크린 채 두 눈을 감고 손에는 기름을 잔뜩 묻힌 그의 모습 앞에서, 로비노는 처음으로 진정으로 존경심이 우러나오고 있었다. 이 감정을 말로 표현하고 싶다는 충동을 주체할 수 없었고, 무엇보다도 친구로 사귀고 싶다는 마음이 그를 사로잡았다.

로비노는 그날의 여행으로 인한 일정과 좌절로 피곤함을 느꼈고, 아마도 조금은 우스꽝스러운 기분마저 들었다. 로비노는 바로 그날 저녁, 유류 잔량을 확인하던 중 수치를 잘못 계산

했다. 그런데, 그가 적발하고 싶었던 직원이 오히려 동정하며 잘 못된 계산을 대신 마무리해 주었다. 더욱 나빴던 것은, 로비노가 B.4 타입으로 착각하고 B.6 유류펌프의 장착에 대해 언급한 것이었다. 정비사들은 냉소적인 미소를 지으며 20분 동안이나 그가 자신의 '변명할 여지가 없는 어리석음'을 드러내면서 혼을 내도록 내버려두었다.

로비노는 호텔의 자신의 방도 두려워했다. 툴루즈에서 부에노스아이레스까지, 하루의 일이 끝나면 언제나 곧장 자신의 호텔 방으로 향했다. 안전하게 자리를 잡고, 어둠 속에서 마음속에 품고 있는 비밀들을 의식하며, 가방에서 종이 한 묶음을 꺼내 느리게 '보고서'라고 적고, 아무렇게나 한두 줄을 쓰고는 그것을 전부 찢어 버렸다. 로비노는 회사를 엄청난 위험으로부터 구하고 싶었지만, 회사는 아무런 위험도 없이 잘 굴러가고 있었다. 지금까지 그가 구한 것은 프로펠러 회전축에 설치되어 있는 속이 빈 중심 구조부의 약간의 녹뿐이었다. 로비노는 참담한 표정으로 천천히 녹을 손가락으로 문질렀고, 이를 지켜보던 비행장 감독은 다음과 같이 말했다.

"이전 기항지에 전화해 보시는 게 좋겠습니다. 이 비행기는 이제 막 그곳에서 도착했으니까요."

로비노는 점점 더 자신의 역할에 대해 자신감이 사라지고 있었다.

로비노는 용기를 내어 펠르랭에게 친근한 제스처를 취하면서 말했다.

"저와 함께 저녁 식사 하시겠습니까? 조용히 대화를 나누고 싶습니다. 제 일이 가끔은 꽤 피곤하거든요."

그러나 그는 너무 자신을 낮춘 것이 아닌가 생각되어 재빨리 말을 덧붙였다.

"책임감 때문이죠, 아시겠지만."

부하 직원들은 로비노와 친밀해지는 것을 별로 달가워하지 않았다. 그것에는 위험이 따랐기 때문이다. 그래서 그들은 모두 이렇게 생각했다.

'만약 그가 보고서를 쓰기 위해 무언가를 찾아내지 못했다면, 그의 식욕을 생각할 때, 아마 나를 그냥 먹어치울 가야!'

하지만 그날 저녁 로비노의 마음은 비참함으로 가득 차 있었다. 그의 유일한 진짜 비밀인, 성가신 습진으로 고통 받고 있었다. 그는 자신의 비밀에 대해 이야기하며 동정 받고 싶었고, 자존심 때문에 찾아내지 못한 것을 겸손한 태도를 취하면서 위로를 받고 싶었다. 또 한편으로는, 로비노는 프랑스에 그의 연인이 있었다. 그 연인에게 돌아갈 때마다 감독관 업무를 마친 이야기를 매일 밤 들려주며, 그녀에게 자신만의 인상을 남기고 사랑을 얻기를 바랐지만-그의 평소 운수대로!-결국 그녀에게 반감만 살 뿐이었다. 로비노는 그녀에 대해서도 이야기하고 싶었다.

"그럼, 저와 함께 저녁 식사를 하시겠습니까?"

성품이 좋은 펠르랭은 흔쾌히 동의했다.

VI

리비에르가 부에노스아이레스의 사무실에 들어섰을 때 직원들은 꾸벅꾸벅 줄고 있었다. 그는 늘 그렇듯이 영원히 여행하는 사람처럼 외투와 모자를 그대로 쓴 채였다. 그의 호리호리하지만 작은 체구는 차지하는 공간이 얼마 되지 않고, 옷차림과 희끗희끗한 머리카락은 어떤 풍경에도 자연스럽게 녹아들어 그가 지나가도 거의 눈에 띄지 않았다. 그럼에도 불구하고 그의 열의에 찬 입장과 동시에 사무실에는 긴장감이 감돌았다. 직원들은 분주하게 움직였고, 사무장은 급히 책상 위에 남아 있는 서류들을 정리했으며, 타자기 두들기는 소리가 '타닥타닥' 소리를 내며 움직이기 시작했다.

전화 교환원은 바쁘게 전화교환기에 접속선을 꽂고 두꺼운 기록부에 전보문을 기록하고 있었다.

리비에르는 자리에 앉아 전보들을 읽었다.

그가 읽은 모든 정보의 내용은 칠레 우편기를 제외하고는, 일이 순조롭게 잘 풀리는 하루의 기록을 이야기하고 있었으며, 기항지로부터 도착하는 연이은 소식마다 또 하나의 승리 소식인 기록들이었다. 파타고니아 우편기도 순조롭게 빠르게 진행되고 있었으며, 모든 비행기가 예정 시간보다 앞서 있었다. 이 비행기들이 앞설 수 있었던 것은 순풍이 그들을 유리한 기류를 따라 북쪽으로 이끌고 있었기 때문이다.

"기상 전보를 내게 가져다주게."

각 기항지마다 맑은 날씨와 구름 한 점 없는 청명한 하늘, 그리고 순하디 순한 온화한 바람을 자랑하고 있었다. 남아메리카 대륙에는 황금빛 저녁노을이 장막을 드리우고 있었다. 리비에르는 이러한 모든 일이 순조롭게 진행되는 것에 만족했다. 물론 한 대의 비행기, 즉 파타고니아 우편기는 어디선가에서 어둠 속의 위험들과 싸우고 있었지만, 승산은 유리하게 작용하고 있었다.

리비에르는 보고서를 옆으로 밀어 놓으며 말했다.

"됐네."

그런 다음, 그는 세계의 절반을 담당하는 밤의 감독자로서 야간 근무 중인 사람들을 점검하러 나갔다가 돌아왔다.

리비에르는 열린 창가에 서서 깊은 어두운 밤의 깊이를 가늠

하고 있었다. 어두운 밤은 저 멀리 부에노스아이레스를 품고 있었고, 또한 마치 거대한 배의 선체처럼 아메리카를 감싸고 있었다. 그는 이 어마어마한 광경에 놀라지 않았다. 칠레의 산티아고 하늘은 낯선 하늘일지도 모르지만, 일단 우편기가 산티아고를 향해 떠나면 항로의 시작부터 끝까지 동일한 깊이의 짙은 아치형 지붕 아래를 지나가게 된다. 지금 무선국의 직원들은 수신기를 통해 들어오는 다른 우편기의 소리에 귀를 기울이고 있었다. 또한 파타고니아의 어부들은 그 비행기의 항해등을 바라보고 있을 것이다. 비행 중인 우편기의 막연한 불안감이 리비에르의 마음을 짓누르고 있을 뿐만 아니라, 또한 우편기 엔진의 요란한 소리와 함께, 도시들과 작은 마을들을 위에서 짓누르고 있었다.

구름이 걷힌 맑은 밤하늘을 보면서 기분이 한결 좋아진 리비에르는 혼돈에 빠졌던 지난밤들을 떠올렸다. 그때는 우편기가 위험에 빠진 듯 보였으며, 구조하기에는 거의 희망이 없는 것처럼 보였었다. 부에노스아이레스 무선국에는 절망적인 호출이 폭풍의 전자 잡음과 뒤섞여 떨리듯 전해졌다. 그런데 그 황금 같은 음파는 커다란 굉음 속에 파묻혀버렸다. 어두운 밤하늘의 장막 아래서 화살처럼 가르며 질주하는 우편기의 단조 속에서 들리는 한탄, 이보다 슬픈 소리는 없을 것이다!

리비에르는 직원들이 야간 근무를 할 때 감독관은 사무실에 있어야 한다고 생각했다.

"로비노 씨를 불러오게."

로비노는 거의 손님과 같은 조종사를 친구로 만들려던 참이었다. 로비노는 조종사 눈앞에서 가방을 풀어 놓았다. 로비노의 가방에는 다른 사람들과 그리 다르지 않은 사소한 물건들이 들어 있었다. 형편없는 취향의 셔츠 몇 벌, 화장도구 세트, 그리고 군살이 없는 호리호리한 한 여성의 사진 등이 그것이다. 로비노는 그 사진을 벽에 붙였다. 로비노는 펠르랭에게 이렇게 자신의 욕구, 애정, 후회를 소박하게 고백한 것이었다. 조종사의 눈앞에 자신의 보잘 것 없는 보물을 내보이며 그의 비참한 상태를 드러냈다. 정신적인 습진. 그는 자신의 감옥을 드러낸 것이었다.

그러나 모든 사람들에게 한 점의 빛이 남아 있듯이 로비노에게도 조그만 빛이 남아 있었다. 로비노는 가방 밑바닥에서 포장지에 정성껏 싸인 작은 주머니를 꺼내면서 조용한 황홀감에 빠졌다. 그는 잠시 아무 말 없이 그 작은 주머니를 만지작거렸다. 그리고는 손을 떼면서 말했다.

"이것은 아프리카 북부의 사하라 사막에서 가져온 겁니다."

로비노는 자신이 이처럼 스스로 속내를 드러냈다는 사실을 생각하며 얼굴을 붉혔다. 자신의 모든 실패와 가정 내의 불화, 매우 우울한 현실에도 불구하고, 신비의 문을 열어주는 부적과도 같은 바로 이 작은 검은 조약돌로부터 위안을 받는다고 말했다.

로비노의 얼굴빛은 조금 더 붉어졌다.

"브라질에서도 그런 조약돌을 찾을 수 있습니다."

그리고 펠르랭은 아틀란티스에 빠져 있는 감독관의 어깨를 가볍게 두드리며, 조심스럽게 물었다.

"지질학에 관심이 많으신가봅니다?"

"관심이 많다고요? 저는 이미 푹 빠져 있답니다!"

그의 일생에 있어서, 오직 돌들만이 위안을 주었다.

로비노는 자신을 호출한다는 말을 듣고, 우울함을 느꼈지만 곧바로 위엄 있는 태도를 되찾았다.

"제가 가봐야 할 것 같습니다. 리비에르 씨가 몇 가지 중요한 문제를 결정하기 위해서 저를 찾고 있는 것 같습니다."

로비노가 사무실에 들어섰을 때, 리비에르는 그를 완전히 잊어버리고 있었다. 리비에르는 회사의 항공 노선이 빨간색으로 표시된 벽면의 지도를 앞에 두고 사색에 잠겨 있었다. 로비노는 상사의 지시를 기다렸다. 어느 정도 시간이 흐른 뒤에야 리비에르는 머리를 돌리지도 않은 채 말을 꺼냈다.

"로비노, 이 지도를 어떻게 생각하나?"

리비에르는 생각에 잠긴 상태에서 가끔 이런 식의 수수께끼 같은 질문을 던지곤 했다.

"리비에르 본부장님, 이 지도는……글쎄요……"

사실 로비노는 지도에 대해 아무런 생각도 없었다. 그래도, 지도에 눈을 고정시키고 감독관의 눈으로 유럽과 아메리카 전역을 두루 훑어보았다. 한편, 리비에르는 고요 속에서 자신만의 생각에 골똘하고 있었다.

'겉보기에 꽤 괜찮은 항로 같지만, 너무도 무자비하군. 수많은 젊은이들의 생명과 삶을 생각하면 얼마나 많은 대가를 치렀는가! 물론 훌륭하고 탄탄한 항로라고 그 권위를 인정받고 있지만, 제기되는 문제들이 얼마나 많은지!'

그러나 리비에르에게는 오직 바라보는 목표만이 가장 최우선이었다.

로비노는 그 옆에 서서 여전히 지도를 뚫어지게 바라보며 점차 마음을 가다듬고 있었다. 리비에르에게서 어떤 동정심도 기대할 수는 없었다. 그는 그것을 잘 알고 있었다. 한때 로비노는 자신의 터무니없는 허약한 질병 때문에 어떻게 삶을 망가뜨렸는지 얘기하며, 동정심을 얻어 보려고 시도한 적이 있었다. 그러나 리비에르에게서 돌아온 것은 조롱뿐이었다.

"병 때문에 잠을 못 잔다고? 그럼, 더 많은 일을 할 수 있는 거잖아!"

리비에르는 농담 반 진담 반으로 말했다. 리비에르는 언젠가 이런 말을 한 적이 있었다.

"작곡가가 잠을 제대로 못 자서 그 불면증 덕분에 걸작을 만들어 낸다면, 그것은 참으로 유익한 불면증이 아니겠는가!"

또한 어느 날 리비에르는 르루에 대해 이렇게 말하기도 했다.

"그를 한번 봐! 나는 이런 못생긴 외모를 훌륭하다고 하지. 너무도 완벽해서 어떤 애인이라도 가까이 가지 못할 정도니까!"

어쩌면 실제로, 르루가 지닌 가장 뛰어난 장점들은 그의 못생긴 외모 덕분일지도 모른다. 그 외모 때문에 그는 오직 자신의 일에만 몰두하며 자신의 삶을 살아야 했으니 말이다.

"로비노, 조종사 펠르랭과는 많이 친해졌나?"

"글쎄요……"

"비난하려는 게 아니야."

리비에르는 몸을 반쯤 돌리고 고개를 숙인 채 종종걸음으로 로비노를 이끌면서 걸었다. 로비노가 전혀 이해할 수 없는 씁쓸한 미소가 리비에르의 입가에 맴돌았다.

"오직…… 오직 자네는 상관이라는 걸 알아야 하네."

로비노가 말했다.

"네."

리비에르는 여느 때와 마찬가지로 오늘 밤도 변함없이 남쪽 하늘에서 사건들이 벌어지고 있다고 생각했다. 의지가 흔들린다면 곧 실수를 의미할 수도 있었고, 그렇게 된다면 아마도 그날은 새벽이 오기 전까지 많은 고생을 해야 할 것이다.

"로비노, 자네는 자신의 역할을 충실히 수행해야 하네."

리비에르는 자신의 말에 힘을 주었다.

"자네는 내일 밤이라도 그 조종사에게 위험한 비행을 준비하라고 지시해야 할지도 모르네. 그 조종사는 당연히 자네의 지시를 따라야 하지."

"네."

"자네는 소중한 사람들의 생명이 자네 손에 달려 있다는 걸 알아야 하네."

그는 망설이는 듯 말했다.

"아주 중요한 일이지."

잠시 동안 리비에르는 아무 말 없이 조용히 작은 보폭으로 방 안을 오르내리며 발걸음을 옮겼다.

"로비노, 조종사들이 자네를 좋아해서 자네의 말을 따른다면, 자네는 그들을 기만하고 있는 거야. 자네는 그들에게 어떤 희생을 강요할 권리가 없거든."

"네, 물론이죠."

"그리고 만약 그들이 자네를 좋아하기 때문에 하기 싫은 임무를 피할 수 있다고 생각한다면, 그것도 또한 자네는 그들을 기만하는 것이네. 어쨌든 그들은 반드시 복종해야 하니까. 여기 앉게나."

리비에르는 가벼운 손짓으로 로비노 감독관을 조심스럽게 책상 쪽으로 밀어냈다.

"로비노, 내가 자네에게 교훈을 주겠네. 만약에 자네가 지쳤을 때, 그 사람들로부터 에너지를 얻으려 해서는 안 되네. 자네는 바로 그들의 상관일세. 자네의 나약함은 보기에 좋지 않네. 이제 내가 일러주는 글을 받아 적게!"

"저는……"

"받아 적으라고. '로비노 검사관은 다음과 같은 사유로 조종사 펠르랭에게 명시된 처벌을 내린다. ……' 사유는 자네가 알아서 찾아보도록 하게."

"본부장님!"

"로비노, 내 말을 이해했다면 따르게. 자네는 부하 직원들을 사랑하되, 절대로 그들에게 말로 표현해서는 안 되네."

그래서, 로비노는 다시 한 번 모든 프로펠러 회전축의 청소를 열정적으로 지시하게 될 것이다.

비상 착륙장으로부터 무선으로 소식이 전송되었다.

'비행기 보임. 비행기 엔진 이상 신호 보냄. 곧 착륙 예정.'

그 말은 다시 이륙하기 까지 적어도 30분은 소요될 것이라는 의미였다. 리비에르는 고속 열차가 신호 대기에 직면했을 때, 시간이 지나도 들판을 벗어나지 못할 때 느끼는 짜증 섞인 기분을 느꼈다. 커다란 시계의 바늘은 이제 비어 있는 반원형을 돌고 있었고, 그 안에는 수많은 사건들이 들어갈 수 있을 것이다. 무료한 시간을 보내기 위해 리비에르는 밖으로 나갔고, 밤은 배우 없는 무대처럼 공허하게 느껴졌다.

'이런 밤을 놓쳐 버리다니!'

리비에르는 구름 한 점 없는 청명한 하늘과 그 속에 가득한 별들, 신성한 항공표지등, 그리고 그렇게 허비해버린 밤의 황금빛 달을 원망스런 마음으로 바라보았다.

그러나 비행기가 이륙하자마자 밤은 다시금 아름다움과 매혹으로 가득 찼다. 이제 밤은 자궁에 새로운 생명을 잉태하고 있었고, 리비에르는 그 생명을 보살폈다.

"날씨는 어떤가?"

그는 무전으로 승무원에게 전달했다. 10초 후, 답신이 도착했다.

'매우 좋음.'

그 뒤로 이어진 것은 비행기가 지나간 도시들 이름의 나열이었다. 리비에르의 귀에는 마치 정복자 앞에 하나씩 쓰러져 가는 도시들의 이름처럼 들렸다.

VII

한 시간 후, 파타고니아 우편기의 무선 기사는 누군가가 그의 어깨를 잡아당겨 살며시 들어 올려지는 것 같은 느낌을 받았다. 그는 주위를 둘러보았다. 짙은 먹구름이 별빛을 가리고 있었다. 그는 마치 마을의 불빛을 보려는 듯 땅 쪽을 향해 몸을 기울였다. 풀밭 속 반딧불처럼 빛나는 마을의 작은 불빛이라도 찾아보려 했지만, 칠흑같이 어두운 들판에서는 반짝이는 것이 아무것도 없었다.

무선 기사는 힘든 밤을 치러야 할 고난을 생각하니 우울함이 몰려왔다. 전진과 후퇴, 승리와 패배를 반복하며 이미 정복한 영토를 되돌려 줘야 했기 때문이다. 그는 조종사의 전술을 이해하지 못했다. 조금 더 나아갔다가는 마치 벽과도 같은 두터운 어둠의 장벽에 부딪힐 터였다.

무선 기사는 지금 눈앞의 지평선 가장자리에서 대장간의 화덕 불빛처럼 희미하게 깜박이는 것을 볼 수 있었다. 그는 파비앵의 어깨를 두드렸지만, 파비앵은 전혀 움직이지 않았다.

먼 폭풍의 첫 번째 돌풍이 비행기에 몰아쳤다. 금속 덩어리는 부드럽게 위로 들썩이며 무선 기사의 몸을 짓눌렀다가, 마치 녹아버린 듯 조용히 스르르 풀어졌다. 그는 어둠 속에 몇 초 동안 떠 있는 상태가 되었다. 그는 두 손으로 강철 기둥을 꽉 붙잡았다.

조종석의 붉은 램프 불빛만이 무선 기사가 볼 수 있는 유일한 것이었고, 그는 단지 그 작은 불빛 하나만으로 어두운 밤의 심장 속으로 무력하게 떨어지는 느낌에 몸서리를 쳤다. 무선 기사는 조종사에게 다가가 어떤 계획을 갖고 있는지 감히 물어보지도 못했다. 그는 강철 기둥을 더욱 꽉 잡고 상체를 앞으로 숙이며 조종사의 어두운 등만을 응시했다.

그 어둠 속에서 조종사의 머리와 어깨만이 희미하게 보였다. 조종사의 몸통은 왼쪽으로 조금 기울어진 어둠의 덩어리였고, 얼굴은 폭풍에 의해 깜박이는 번개의 번쩍임에 의해 불규칙하게 빛나고 있었다. 그러나 무선 기사는 그 얼굴에서 아무 것도 볼 수 없었다. 그의 얼굴에서는 폭풍과 맞서기 위해 밀려드는 모든 감정들, 즉 뿜어져 나오는 불만을 표시하는 경직된 눈, 분노와 결의로 다문 입술을 볼 수 없었다. 조종사의 이 창백한 얼굴과 저 멀리 번쩍이는 번개의 섬광들 사이에서 오가는 본질적인 것들을 전혀 이해할 수가 없었다.

그렇지만, 무선 기사는 그 움직임이 없는 그림자 덩어리 속에 잠재된 집중된 힘을 간파했고, 그것을 사랑했다. 사실, 그 힘이 그를 폭풍 속으로 끌어 들였지만, 동시에 그를 보호하고도 있었다. 조종간을 잡은 이의 두 손은 거대한 짐승의 목을 짓누르듯 폭풍을 세차게 누르고 있었지만, 힘이 잔뜩 들어간 강인한 어깨는 조금도 흔들리지 않으며 엄청나게 잠재된 힘을 품고 있다고 확신했다. 그는 생각했다.

'어쨌거나, 조종사에게 책임이 있는 거지.'

그래서 불길 속으로 말의 안장에 앉은 것처럼 빠르게 질주하면서, 눈앞의 그 어둡고 견고한 형체가 지닌 견고함과 무게, 그리고 그 안에 내재된 실체를 제대로 즐길 수 있었다.

왼쪽에서 멀리 돌고 있는 희미한 빛처럼 새로운 폭풍의 중심이 생겨났다.

무선 기사는 파비앵의 어깨를 살짝 두드리며 경고하려고 했지만, 파비앵이 천천히 고개를 돌려 잠시 이 새로운 적을 주시한 후, 이전 자세로 천천히 돌아가 목덜미를 가죽 등받이에 기대고 있었고 어깨는 이전처럼 여전히 움직이지 않고 있었다.

VIII

리비에르는 다시 되살아나는 불안감을 떨쳐내고자 잠시 산책을 나갔다. 오직 극적인 행동을 위해서만 살아온 그는, 이제 드라마 같은 위기가 다분히 자신 쪽으로 옮겨오는 듯한 이상한 변화를 느꼈다. 그는 작은 마을의 사람들이 야외음악당 주변을 거니는 평온한 삶을 사는 것처럼 보일 수 있으나, 그 속에도 극적인 일이 존재한다는 것을 깨달았다. 질병, 사랑, 상실 등, 그리고 아마도…… 자신이 겪었던 고통이 많은 것을 가르쳐주고 있었다. 그는 생각했다.

'그것이 또 다른 창문을 열어주고 있는 셈이지.'

열한 시쯤 되어서야 그는 어느 정도 마음이 진정되기 시작했고, 서서히 영화관 주변의 정체된 인파를 헤치며 사무실 쪽으로 발걸음을 옮겼다. 그는 좁은 도로 위에 반짝이는 별들을 올려다보았지만, 눈부신 광고판들 때문에 거의 가려져 보이지 않았다. 그 별들 중 하나가 자신을 찾아 헤매는 신호처럼 보였으며, 리비에르는 혼잣말로 중얼거렸다.

"오늘 밤, 두 편의 우편기가 비행중인 지금, 나는 저 하늘 전체에 대한 책임을 지고 있다. 저 위의 별은 이 인파 속에서 나를 찾고 있는 신호다. 그리고 나를 찾아낸다. 그래서 내가 현재의 상황과 조금은 동떨어져 있는 듯한, 외로운 존재처럼 느껴지는 것이다."

그의 머릿속에서 음악의 한 소절이 떠올랐다. 어제 친구들과 함께 있던 자리에서 들었던 소나타의 몇몇 소절들이었다. 친구들은 그 소절을 이해하지 못했다.

"그 음악은 우리를 너무 지루하게 해, 너도 지루할 거야, 다만 네가 인정하지 않을 뿐이지!"

리비에르가 대답했다.

"아마도 그렇겠지."

그는 그때에도, 오늘 밤처럼 외로움을 느꼈지만, 곧 그런 외로움이 주는 풍요로움을 깨닫게 되었다. 그 음악은 그에게, 이 평범한 사람들 속에서 오직 그에게만, 속삭이듯 은밀하고 부드럽게 전해주었다. 그리고 이제는 별 조차도 이 수많은 사람들의 어깨 너머로 그에게만 들리는 언어로 말을 걸고 있었다.

보도 위에서 누군가가 그를 밀치고 다녔다. 그는 혼잣말로 중얼거렸다.

"아니, 나는 짜증 내지 않겠다. 나는 군중 속에서 종종걸음을 옮기며 걷는 아픈 아이의 아버지와 같아, 그 아버지는 집 안의 무거운 침묵을 가슴에 안고 있을 것이다."

그는 사람들을 바라보며, 그들 중 누가 종종걸음으로 움직이면서도 사연이나 사랑을 품고 있는지를 알아내려고 했으며, 등대지기의 외로움을 떠올렸다.

사무실로 돌아온 그는 고요함에 만족했다. 그가 천천히 이 방에서 저 방으로 걸어갈 때마다, 자신의 발걸음 소리가 공허하게 메아리쳤다. 타자기는 덮개로 씌워져 잠들어 있었다. 가지런히 정리된 서류 위에 있는 커다란 벽장의 문은 닫혀 있었다. 10년간의 활동과 작업의 기록들. 그는 마치 풍부한 자산이 흘러넘치는 은행의 지하 금고를 방문한 것 같은 기분이 들었다. 이 서류에 기록된 하나하나가 담고 있는 것은 황금보다 귀중한 것이 축적되어 있다. 그것은 살아 있는 힘이다. 은행의 금과 마찬가지로 살아 있지만 지금은 잠들어 있는 힘이다.

리비에르는 어디선가 야간 근무를 하는 외로운 직원을 발견하게 될 것이다. 바로 이곳 어딘가에서, 한 사람이 생명과 활력이 지속되도록 노력하고 있었고, 이로써 툴루즈에서 부에노스아이레스까지 각 기항지에서 다음 기항지로 이어져 비행의 연결이 끊어지지 않도록 하고 있었다.

리비에르는 생각했다.

'저 사람, 자신이 얼마나 위대한 일을 하고 있는지 모르는군.'

우편기들은 어디에선가 앞으로 나아가기 위해 사투를 벌이고 있었다. 야간 비행은 밤새 돌봐야 하는 끈질긴 질병처럼 끊임없이 감시해야만 했다. 손과 무릎, 가슴과 가슴을 맞대고 어둠과 싸우는 이들, 보이지는 않지만 변화무쌍하게 움직이고 있다는 것만을 알고, 마치 바다에서 헤엄쳐 나오듯 그곳에서 허우적대고 있는 사람들을 도와야만 했다. 그 이후에 그들의 참담한 고백을 듣기도 했다.

"나는 내 두 손이라도 보기 위해 불을 켜기도 했어요."

희미한 붉은 암실의 빛 속에 휩싸여있는 부드러운 비단 같은 두 손, 잃어버린 세계의 마지막 조각, 그것은 반드시 지켜야 할 것이었다.

리비에르는 운항 사무소의 문을 열었다. 한쪽 구석에는 외로운 등불만이 빛나며 작은 빛의 웅덩이를 만들고 있었다. 단 한 대의 타자기가 만들어내는 소리만이 숨 막히는 정적에 의미를 부여했지만, 그곳의 정적을 모두 채우지는 못했다. 가끔 전화기가 울리면, 근무 중인 직원은 그 슬프고 반복적인으로 울리는 호출에 순응하듯 일어나서 전화기 쪽으로 향했다. 직원이 수화기를 들자, 보이지 않는 불안감이 달래지며 어둠의 한구석에는 부드럽고, 매우 온화한 음성들의 대화가 오고갔다.

그 직원은 무표정한 얼굴을 하고 자기 책상으로 돌아갔다. 졸음과 고독이 가득한 그의 얼굴은 도저히 이해할 수 없는 비밀스러움이 깃들어 있었다. 두 대의 우편기가 비행하고 있을 때 한밤중에 외부에서 걸려오는 전화의 위협은 얼마나 대단한가! 리비에르는 저녁에 등불 주위에 모여 있는 가족들의 평화를 깨뜨리는 전보와, 아버지의 얼굴에 영원처럼 느껴지는 그 몇 초 동안 비밀처럼 남아 있는 커다란 슬픔을 생각했다. 처음에는 약하고 그들이 전하는 외침과는 거리가 먼 그리고 매우 고요한 파동이었다. 그럼에도 리비에르는 조심스러운 전화벨 소리의 조용한 울림 하나하나에서 커다란 슬픔의 희미한 메아리를 들었다. 그 직원이 조류 속에서 헤엄치는 사람처럼 고독에 취해 느리게 움직였고, 마치 잠수부가 물속에서 수면으로 올라오는 것처럼 어둠 속에서 등불 곁으로 돌아왔는데, 리비에르에게는 그 직원의 움직임이 뭔가 묵직한 비밀을 짊어지고 있는 것처럼 보였다.

"잠깐만! 내가 받지."

리비에르가 수화기를 들었을 때, 귀에 울려 퍼지는 저쪽 세상의 수많은 웅성거리는 잡음들이 들려왔다.

"리비에르입니다."

약간의 불분명한 소음들이 들리다가 한 목소리가 들려왔다.

"무선국을 연결해 드리겠습니다."

전화교환기에 플러그가 꽂히는 소리가 들리고 이어서 또 다른 목소리가 들려왔다.

"무선국입니다. 전보를 전달해 드리겠습니다."

리비에르는 전보 내용을 기록하며 고개를 끄덕였다.

"좋아… 좋아…"

별일은 없었다. 늘 보고하는 일상적인 소식들일 뿐이다. 리우 데자네이루가 몇몇 정보를 요청하고, 몬테비데오는 날씨를 보고했고, 멘도사는 설비에 대해 보고했다. 익숙한 일상적인 소식들이었다.

"우편기 상황은 어떤가?"

리비에르가 물었다.

"폭풍우 때문에 오늘 밤에는 우편기들과 통신이 안 됩니다."

"알았네!"

리비에르는 이곳의 밤은 고요하고 별이 빛나고 있는데, 그 무선 기사들은 평온한 어둠 속에서 먼 폭풍우의 숨결을 감지하고 있다고 생각했다.

"오늘은 이것으로 충분하네."

리비에르가 말했다.

리비에르가 일어나자 직원이 다가왔다.

"서명할 서류입니다, 본부장님."

리비에르는 밤의 무게를 함께 짊어지고 있는 이 부하 직원에게 깊은 우정을 느꼈다.

리비에르는 생각했다.

'동지라 할 수 있겠군, 아마 오늘 밤의 야간 근무가 우리를 서로 얼마나 끈끈하고 가깝게 만들어 주는지 결코 알지 못하겠지.'

IX

서류 뭉치를 손에 들고 자신의 사무실로 돌아가고 있을 때, 리비에르는 몇 주 전부터 그를 심하게 괴롭혀 온 오른쪽 옆구리의 찌르는 듯한 통증이 되살아나는 것이 느껴졌다.

'이건 좋지 않은데……'

리비에르는 잠시 벽에 기대어 섰다.

'한심한 일이군!'

그런 다음 힘겹게 의자에 앉았다.

리비에르는 다시 한 번 마치 덫에 걸린 늙은 사자처럼 느껴졌고, 그것이 그를 더욱 슬픔에 잠기게 했다.

'수년간 열심히 일한 내가 끝내 이렇게 되고 말다니! 나는 이제 쉰 살밖에 안 됐는데. 50년 동안 내 삶을 일로 채우고, 스스로를 단련하며, 길을 개척하고, 사건의 흐름을 바꾸어 놓았건만,

이제 이런 통증이 나를 휘어잡고 집착하게 하여 세상에서 유일하게 중요한 일인 것처럼 느껴지게 하다니. 참으로 한심한 일이군!'

리비에르는 땀방울 몇 방울을 닦아내고, 통증이 가라앉을 때까지 기다린 후, 통증이 조금 가라앉자 책상 위에 놓인 서류들을 검토하며 다시 일을 시작했다.

'부에노스아이레스에서 엔진 301을 분해하는 과정에서 우리는 ……를 알게 되었습니다. 책임자를 엄중히 처벌할 것입니다.'

리비에르는 서명했다.

'플로리아노폴리스 기항지는 지시 사항을 준수하지 않았으므로……'

리비에르는 또 서명했다.

'징계 조치로서 비행장 주임 리샤르를 …… 사유로 전보 조치합니다.'

리비에르는 서명했다.

리비에르는 옆구리 통증이 잠시 잦아들기는 했지만, 그것은 그의 몸 안에 여전히 자리하고 있으면서 또 다른 새로운 삶의 의미처럼 다가와 자신을 되돌아보게 했다. 그래서 그는 씁쓸한 기분을 지울 수가 없었다.

'내가 정당한 걸까, 부당한 걸까? 나는 전혀 알 수가 없다. 내가 아는 건 엄하게 다그칠 때 사고가 적다는 것이다. 책임은 개인에게 있는 것이 아니라 모두를 다 파악하지 않고서는 접근할 수 없는 일종의 숨겨진 힘이다! 내가 단지 정당하다면, 야간 비행을 하면 매번 죽음의 위험이 따를 것이다.'

리비에르는 자신이 스스로 너무 힘든 길을 선택했다는 사실에 일종의 피로감을 느꼈다.

'연민이라는 것은 참으로 훌륭한 것이구나!'

리비에르는 생각했다. 생각에 잠긴 채, 서류의 페이지를 넘겼다.

'로블레는 오늘부로 전력에서 제외된다.……'

그는 전날 저녁에 만난 그 노인과의 대화를 떠올렸다.

"어쩔 수 없네, 본보기인 것을."

"하지만, 본부장님 …… 이번 한 번만, 딱 한 번만 다시 생각해주세요, 본부장님 …… 저는 평생을 바쳐 이 일을 해왔지 않습니까!"

"본보기가 필요하네."

"하지만 …… 하지만, 본부장님. 부디 이걸 좀 봐 주십시오, 본부장님."

로블레는 낡아 해진 수첩 속에서 비행기 옆에 서 있는 자신의 젊었을 때를 보여주는 사진이 실린 신문 조각을 내밀었다. 리비에르는 늙은 두 손이 이 작은 영광의 조각 앞에서 떨고 있는 것을 보았다.

“1910년쯤이었습니다, 본부장님. 이 사진은 아르헨티나에서 처음 만든 비행기였고, 바로 제가 조립했습니다. 저는 1910년부터 지금까지 비행기를 조립해 왔어요, 생각해 보세요, 본부장님! 20년입니다! 그런데 어떻게 그렇게 말씀하실 수가 있어요? …… 그리고 젊은 친구들이 작업장에서 비웃지 않겠어요? 그냥 깔깔대며 웃을 겁니다!”

“어쩔 수 없지.”

“그리고 전 아이들도 있습니다, 본부장님. 가족이 있단 말입니다!”

“내가 자네에게 잡부 일을 할 수 있도록 해준다고 하지 않았나.”

“하지만 제게도 체면이 있습니다, 본부장님! 20년간의 비행기 조립 경험이 있는 나 같은 늙은 직원에게도 체면은…….”

“잡부 일을 하게.”

“아니요, 본부장님, 도저히 못 하겠습니다, 본부장님!”

로블레의 늙은 두 손이 떨렸고, 리비에르는 통통하고 주름이 졌지만 아름다움을 간직한 두 손을 외면했다.

“잡부 일을 하게.”

“아니요, 본부장님, 아닙니다. 제가 더 하고 싶은 말이 있습니다…….”

“그만하고 가보게.”

리비에르는 생각했다.

'그가 아니야 내가 그렇게 잔인하게 내쫓은 사람은 그가 아니야. 아마도 그가 책임지지 않아도 될 해가 되는 일 때문인지도 모르지만, 그 해가 되는 일이 그를 통해 일어났기 때문에 나는 그 해가 되는 일을 해고한 것이야.'

그는 또 곰곰이 생각했다.

'우리는 사건들을 명령할 수 있고 그 사건들은 우리에게 복종한다. 따라서 우리는 사건들을 만들어낸다. 그리고 사람 또한 가련한 존재이므로, 그들도 우리가 만들어낸다. 그렇기 때문에 그들을 통해 해가 되는 일이 일어난다면 우리는 그들을 해고해 버리게 된다.'

"제가 더 하고 싶은 말이 있습니다 ……"

그 가엾은 노인은 무엇을 더 말하고 싶었던 것일까? 내가 자신의 삶의 모든 소중한 것들을 빼앗고 있다고 말하고 싶었던 것일까? 비행기 강철 위에서 자신의 도구가 부딪히는 소리를 좋아했으며, 자산의 삶의 모든 열정적인 시를 이제 빼앗겼는데 …… 그럼에도 불구하고, 살아야 하는지?

"난 너무 피곤해."

리비에르는 중얼거렸고, 몸에서 열이 오르는 것을 느꼈다.

리비에르는 손가락으로 서류 종이를 손가락으로 두드리며 생각했다.

'나는 이 늙은 노인의 얼굴이 마음에 들었었는데……'

리비에르는 로블레의 두 손이 떠올랐고, 이제 그는 그 두 손을 맞잡으려던 희미한 움직임이 생각났다.

'괜찮아, 괜찮아. 그냥 남아 있도록 하게!'

리비에르가 할 말은 그것뿐이었다. 그리고 그는 로블레의 늙은 두 손을 통해 흘러넘칠 기쁨의 급류를 상상했다. 얼굴에 드러나는 것이 아니라 노동자의 늙은 두 손에서 표현되는 그 기쁨보다 이 세상에서 아름다운 것은 없을 것처럼 보였다.

'이 서류를 찢어버릴까?'

리비에르는 로블레가 가족에게 돌아가는 모습을, 그 소박한 자부심을 상상했다.

"그럼, 계속 일을 할 수 있는 겁니까?"

"당연하잖은가! 아르헨티나의 첫 비행기를 조립한 사람이 바로 날세!"

그 노인은 명성을 되찾고, 젊은이들은 더 이상 노인을 비웃지 못하겠지…….

그가 서류를 찢을까 말까 고민하고 있을 때, 전화벨이 울렸다.

잠시 동안의 정적이 이어졌고, 바람과 공간이 사람의 목소리에 실어 온 깊은 울림이 들려왔다. 이윽고 상대방의 목소리가 들렸다.

"여기는 이륙장입니다. 누구십니까?"

“리비에르요.”

“본부장님, 650기가 활주로에 있습니다.”

“알았소.”

“수리는 완료했습니다. 마지막 순간에 전기 회로를 점검해야 했습니다. 접속에 문제가 있었습니다.”

“그렇군. 누가 배선 작업을 했나?”

“확인해 보겠습니다. 동의하신다면, 저희 입장에서 징계를 내리도록 하겠습니다. 비행기 내의 표지등 고장은 심각한 문제가 될 수 있습니다.”

“그렇지.”

리비에르는 생각했다.

‘만약, 언제 어디서든 문제가 발생하는 대로 바로 뿌리 뽑지 않는다면, 표지등이 고장 난 것과 같은 일은 언제든지 일어날 수 있는 법이지. 우연이라 할지라도 잘못된 매개자가 드러나는 순간을 그냥 못 본 채 지나치는 것은 범죄야. 로블레를 해고해야겠군.’

아무것도 눈치 채지 못한 직원은 열심히 타자기를 두드리고 있었다.

“저건 뭔가?”

“2주에 한 번 하는 회계 자료입니다.”

“왜 아직 준비가 안 되었지?”

“저… 저…”

“그 부분에 대해서는 나중에 확인해 보겠네.”

리비에르는 호기심 어린 눈길로 생각했다.

‘사건들이 어떻게 서로 주도권을 잡으려고 몰아치는지 아주 놀랍군. 마치 원시림을 들어 올리는 거대한 어둠의 힘처럼 위대한 과업을 진행할 때마다 어떻게 자신의 존재를 드러내는지 말이다.’

리비에르는 연약한 담쟁이덩굴이 갈기갈기 찢어 놓은 사원들을 떠올렸다.

‘위대한 과업……’

그리고 리비에르는 마음을 진정시키기 위해 다시 생각해 보았다.

‘이 사람들을, 나는 사랑한다. 내가 싸우고 있는 것은 그들이 아니다, 그들을 통해 일어나는 일들과 싸우고 있는 것이다.’

리비에르의 심장은 갑자기 빠르게 뛰며, 그에게 고통을 주었다.

‘아니, 내가 옳은 일을 하고 있는 것인지, 인간 생명이나 고통, 정의에 정확히 어떤 가치를 매겨야 하는지 알지 못한다. 한 사람의 기쁨의 가치를 내가 어떻게 알겠는가? 떨리는 손의 가치는? 다정함이나 연민의 가치는?’

리비에르는 생각에 잠겼다.

‘인생은 너무나도 모순으로 가득하다. 사람들은 삶과 타협하며 최선을 다해 헤쳐 나가며 살고 있다. 하지만 견디고, 창조하고, 이 혐오스러운 몸을 무언가와 바꾼다는 것은……’

생각을 마무리하려는 듯 리비에르는 벨을 눌렀다.

"유럽행 우편기 조종사에게 전화해서 출발하기 전에 나를 만나러 오라고 전하게."

그는 생각하고 있었다.

‘이 우편기가 헛되이 되돌아오지 않도록 해야 한다. 내 부하 직원들을 엄격하게 다루지 않으면, 그들은 밤에 분명히 두려움을 느껴 긴장하게 될 거야.’

X

전화벨 소리가 울려서 잠에서 깬 조종사의 아내는 생각에 잠긴 채 남편을 바라보았다.

'조금 더 자게 내버려 둬야겠다.'

그녀는 남편의 드러난 잘 빠진 유선형의 가슴을 보며 감탄했다. 마치 잘 지어진 멋진 배가 떠올랐기 때문이다. 마치 항구와도 같이, 조용한 침대 위에서 그는 잠들어 있었다. 그 어떤 것도 그의 휴식을 방해하지 않도록, 그녀는 침대 시트의 주름과, 작은 그림자의 물결을 손으로 매만지며 침대 위에 평온을 가져다주었다. 마치 신의 손이 바다를 잔잔하게 하듯이.

그녀는 일어나 창문을 열고 얼굴에 맞닥뜨리는 바람을 느꼈다. 그들의 방은 부에노스아이레스를 내려다보고 있었다. 근처 집에서는 무도회가 열리고 있었고, 음악이 바람을 타고 방으로 흘러들어왔다. 지금은 여가와 유흥의 시간이었기 때문이다.
이 도시에는 수많은 요새들이 있었고, 그곳에 사람들이 채워
져 있었으며 모든 것은 평화롭고 안전했다. 그러나 그녀는 생각
했다. 곧 누군가가 '전투 준비!'라고 외치면 오직 한 사람-바로
내 남편-만이 그 부름에 응할 것이다. 물론 그는 아직 쉬고 있
었지만, 그의 휴식은 곧 전선으로 소집될 준비가 된 예비군의 불
안한 휴식이었다. 이 휴식 중인 도시는 그를 보호하지 못했다.
황금 불빛들의 먼지 속에서 젊은 신처럼 그가 솟아오를 때, 도
시의 황금 불빛은 무의미하게 보일 것이다. 그녀는 한 시간 후에
는 유럽행 우편기의 운명을 결정지을 그의 강인한 팔을 바라보
았다. 그것은 마치 한 도시의 운명과 같은 막대한 책임을 지니
고 있었다. 그 생각에 그녀는 몹시 괴로워졌다. 이 도시의 수백
만 사람들 가운데 오직 이 남자만이 희생을 치를 운명이라는 사
실이 그녀를 슬프게 했다. 그는 그녀의 따스한 품에서 빠져나갈
것이다. 그녀는 그를 소중히 여기고, 지켜보며, 애정 어린 손길을
주었지만, 그것은 자신을 위해서가 아니라 이제 곧 그를 데려갈
이 밤을 위해서였다. 그녀가 전혀 알 수 없는 투쟁과 두려움, 그
리고 승리를 위해서였다. 그의 손은 오직 부드러움으로 길들여
져 있었으며, 그 손의 진짜 임무는 그녀로써는 도저히 알 수 없
는 미지의 것이다. 그녀는 이 남자의 미소와 남편으로서의 자상
한 사랑은 잘 알고 있었지만, 폭풍우 속의 신성한 분노는 알지

못했다. 그녀는 음악과 사랑, 꽃이라는 부드러운 그물들로 그를 붙잡을 수도 있지만, 그가 떠날 때가 되면 그녀가 친 그물들을 뚫고 나갔다. 그는 최소한의 섭섭함도 느끼지 못하는 것 같았다.

그가 눈을 떴다.

"지금 몇 시야?"

"자정이에요."

"날씨는 어때?"

"모르겠는데요."

그는 일어나서 기지개를 켜며 창가로 천천히 걸어갔다.

"아주 춥지는 않겠군. 바람은 어때?"

"내가 그걸 어떻게 알겠어요?"

그는 창밖으로 몸을 내밀었다.

"남풍이군. 정상이야. 어쨌든 브라질까지는 지속되겠군."

그는 달을 바라보며, 자신이 부자가 된 듯한 기분이 들었다. 시선을 도시로 옮겼다. 그에게 도시는 따뜻하거나 친절하거나 찬란하게 느껴지지 않았다. 이미 그의 마음속에서는 도시의 불빛이 무가치하게 빛나는 사막의 모래처럼 다 흘러가고 있었다.

"무슨 생각을 해요?"

그는 포르토 알레그레(브라질 리오그란데 두 술 주의 수도이자, 포르토 알레그레 지하철(메트로)과 도시열차(트렌수르브) 시스템이 운영되는 대도시)의 안개를 생각하고 있었다.

‘계획이야 있지. 안개가 짙게 끼었다면 어디로 돌아가야 할지 정확히 알고 있으니까.’

그는 여전히 창밖으로 몸을 내밀고 있었으며, 마치 벌거벗은 채로 바다에 뛰어들 것처럼 깊이 숨을 들이켜고 있었다.

“전혀 신경 쓰지도 않는 것 같네요! 이번에는 얼마나 오래 떠나 있을 거예요?”

그녀가 물었다.

일주일인지 열흘인지 그도 정확히 알 수 없었다. ‘신경 쓰이냐고?’ 왜 그래야 하겠는가? 그 모든 도시, 평원, 산들. …… 그는 자유롭게 그들을 정복하러 나가고 있었다. 한 시간이면 부에노스아이레스를 정복했다가 다시 놓아줄 수 있을 거라 생각했다.

그는 자신의 생각에 미소 지었다.

‘이 도시는…… 곧 뒤로 남겨질 것이다. 밤에 출발하는 것은 멋진 일이다. 남쪽을 향해 엔진 레버를 잡아당기면, 10초 만에 풍경은 바뀌고 나는 북쪽으로 나아갈 것이다. 도시는 마치 깊은 바다 속의 밑바닥일 뿐이다.’

그녀는 남편이 정복하기 위해 포기해야 할 모든 것을 생각했다.

“집을 좋아하지 않나요?”

“아니, 난 집을 좋아해.”

하지만 아내는 그가 이미 길을 떠나고 있는 것처럼 느꼈으며,

지금 이 순간에도 그의 드넓은 어깨가 하늘을 등지고 있었다.

그녀는 하늘을 가리키며 말했다.

"날씨가 아주 좋은 밤이에요. 보세요, 당신이 가는 길이 별들로 꽉 차 있군요!"

그는 웃으며 말했다.

"응."

그녀는 그의 어깨에 손을 얹고는, 그 따뜻하고 촉촉한 느낌에 마음이 뭉클해졌다. 이 부드러운 살결에 어떤 위험이 닥치는 것은 아닐까?

"당신이 얼마나 강한지는 알고 있지만, 부디 몸조심하세요!"

"물론 조심해야지."

그때 그는 또 웃고는 옷을 입기 시작했다. 축제를 위해 그는 가장 거칠고 질긴 천과 가장 무거운 가죽으로 된 옷을 선택했다. 바로 농부의 옷차림이었다. 그가 모습이 점점 더 묵직해질수록 그녀는 감탄을 자아냈다. 그녀 자신이 직접 그의 허리띠를 매주고, 부츠를 신겨 주었다.

"이 부츠는 내게 너무 불편한 걸!"

"여기 다른 부츠가 있어요."

"내 비상용 등불에 달, 끈을 좀 가져다 줘."

그녀는 그의 모습을 바라보며 완전무장을 한 전투복에 혹시 모를 흠이라도 있는지 매의 눈으로 살펴보았다. 모든 것이 아주 완벽했다.

"정말 멋져 보이시네요."

그때, 그녀는 그가 머리를 조심스럽게 빗질하고 있는 모습을 보며 말했다.

"별들을 위해서 치장하시는 건가요?"

그녀가 물었다.

"나이 들어 보이고 싶지 않아서 그래."

"질투가 나네요."

그는 또 다시 웃으며 그녀에게 입을 맞추고, 묵직한 옷을 입은 채로 그녀를 꼭 껴안았다. 그런 다음 그는 두 팔을 들어 그녀를 마치 어린 소녀처럼 들어 올리더니, 여전히 웃으며 침대에 내려놓았다.

"이제 좀 더 자!"

그는 문을 닫고, 한밤의 낯선 사람들 사이를 지나며 자신의 정복을 향한 첫 발걸음을 내디뎠다.

그녀는 남아서, 슬프게 꽃들과 책들을 바라보았다. 이것들은 그에게 있어서는 깊은 바다 속의 밑바닥만큼의 의미밖에 없었다.

XI

리비에르는 그를 맞이했다.

"지난 비행에서 정말 재미있는 요령을 피웠더군! 날씨 예보는 아주 좋았는데도 되돌아왔지. 그냥 밀고 갈 수도 있었을 텐데 말이야. 두려웠나?"

놀란 조종사는 말문이 막혀 아무 말도 하지 못했다. 그는 천천히 두 손을 맞비비며 생각에 잠겼다. 그러다 고개를 들어 리비에르의 눈을 똑바로 바라보았다.

"예."

그가 대답했다.

리비에르는 그렇게 용감했던 동료가 두려움을 느꼈다는 사실에 마음속 깊이 연민의 정을 느꼈다. 조종사는 자신을 변명하려고 애썼다.

"아무것도 볼 수가 없었습니다. 조금 더 갔더라면…… 아마도…… 무선국의 말대로 …… 하지만 조종석의 램프는 희미해져서, 내 손조차도 볼 수가 없었습니다. 나는 혹시나 해서 날개를 확인하려고 표지등을 켜 보려고 했지만, 아무것도 보이지가 않았습니다. 마치 거대한 구덩이의 바닥에 있는 것 같았고, 도무지 빠져나올 수가 없었습니다. 그때 내 엔진이 달그락거리며 심하게 진동치기 시작했습니다."

"아니야."

"아니라고요?"

"아니야, 그 이후에 우리는 엔진을 확인해 보았네. 정상이었다네. 하지만 사람은 겁을 먹게 되면 항상 엔진이 달그락거리는 진동 소리를 들었다고 착각에 빠지는 법이지."

"누구라도 겁을 먹지 않았겠습니까? 내가 산들로 에워싸여 있었습니다. 고도를 높이려고 시도했을 때, 심한 돌풍에 휘말렸습니다. 아무것도 볼 수 없는 상황에서, 돌풍을 만났단 말입니다. … 고도가 올라가기는커녕 나는 300피트 이상을 곤두박질쳤습니다. 자이로스코프는 물론, 기압계조차 볼 수 없었습니다. 엔진이 제대로 작동하지 않고 과열되고 있다는 생각이 들었습니다. 오일 압력도 떨어지고 있는 것 같았습니다. 그리고 그 모든 것이 어둠 속에서 이집트의 역병처럼 번져갔습니다. 다시 도시의 불빛을 보게 되어 정말 기뻤습니다."

"자네는 상상력이 아주 지나치군. 그만 나가보게나."

조종사는 밖으로 나갔다.

리비에르는 안락의자에 몸을 기댄 채 회색빛 머리칼을 손가락으로 쓸어 넘기며 생각했다.

'그는 내 부하 직원들 중에서 가장 용감한 사람이지. 그날 밤 그가 한 일은 아주 훌륭했지만, 나는 그가 두려움에서 벗어날 수 있도록 해줘야 한다.'

그는 다시금 마음이 약해지는 것을 느꼈다.

'사랑받고자 한다면 단지 연민을 보이면 된다. 그렇지만 나는 거의 연민을 보이지 않거나, 그것을 숨긴다. 물론 내 주위에 우정과 인간적인 친절함을 만들어 내는 것도 나쁘지 않을 것이다. 의사라면 직업상 그것을 우정과 인간적인 친절함을 누릴 수도 있을 것이다. 그러나 내가 다루어야 하는 것은 사건들이며, 다른 사람들이 그 사건에 대처할 수 있도록 만들기 위해서는 그들을 강철처럼 단련시켜야만 한다. 매일 저녁, 내가 사무실에서 비행 기록을 검토할 때마다 그 막막한 필연성을 느끼곤 한다. 내가 방심하거나 사건이 흘러가는 대로 내버려두면, 항상 희한하게도 무언가 사건이 일어나곤 한다. 마치 내 의지로만 비행 중인 비행기가 고장 나는 것을 막거나 폭풍이 우편기를 지연시키는 것을 막을 수 있는 것처럼 말이다. 때때로 나의 그 놀라운 힘에 나 자신도 놀라곤 한다.'

그의 생각은 계속 이어져만 갔다.

'아마도 그것은 아주 당연한 일일지도 모른다. 마치 정원사가 자신의 잔디밭에서 끊임없이 잔디와 씨름하는 것처럼 말이다. 그의 단순한 손놀림을 가한다 할지라도 땅은 시간이 흐를수록 끊임없이 새로운 원시림을 다시 만들어내기 마련이다.'

그의 생각은 조종사에게 이르렀다.

'나는 그를 두려움에서 구해야 한다. 나는 '그'를 공격하는 것이 아니라, 그 너머 미지의 세계를 마비시키는 고집스러운 무력을 그를 통해서 공격하는 것이다. 내가 그의 말을 듣고 공감하며, 그의 모험을 진지하게 받아들이면, 그는 자신이 신비로운 세계에서 돌아온 것처럼 느끼게 될 것이다. 두려움의 근원은 오직 신비뿐이다. 사람들은 이 어두운 우물 속으로 들어가 내려가야만 하고, 다시 기어 올라와서 그 안에는 아무것도 없다는 것을 말할 수 있어야 한다! 이 조종사는 밤의 가장 깊은 심장부까지 내려가야만 한다. 손이나 비행기의 날개 정도만 비출 수 있는 광부의 조그만 빛조차도 없는 어둠 속으로 말이다. 신비로운 세계로부터 어깨 넓이만큼 거리를 두어야 한다.'

그러나 리비에르와 조종사들을 전투 속에서 조용한 교감이 그들 내면 깊숙이 하나로 묶여 있었다. 모두가 마치 한 배를 탄 선원이었고, 그들은 같은 정복욕을 느끼고 있었다. 리비에르는 자신이 밤을 정복하기 위해 치른 다른 전투들을 떠올렸다.

　정부의 관료들은 어둠의 영역을 미지의 오지처럼 두려운 존재로 여겼다. 폭풍과 안개, 그리고 밤이 감추고 있는 모든 장애물들을 향해 시속 150마일로 항공기의 승무원들을 내보낸다는 것을 전투기처럼 군사 비행을 하는 것처럼 여겼던 것이다. 군사 비행을 하는 전투기는 맑은 날 밤에 출발하여 폭탄을 투하하고 출발점으로 다시 되돌아온다. 그러나 정기적인 야간 비행을 하는 우편기는 실패로 끝날 수도 있다. 리비에르는 반박하며 말했다.

　"낮 동안 기차나 선박에 앞섰던 것을 매일 밤마다 까먹습니다. 이는 우리의 생사와 관련된 문제입니다."

　리비에르는 대차대조표, 보험, 그리고 무엇보다도 여론이 지껄이는 이야기들을 지겹도록 들었다. 그는 소리쳤다.

　"여론은…… 우리가 얼마든지 움직일 수 있습니다!"

　하지만 그는 속으로 생각했다.

　'그 모든 것이 시간 낭비일 뿐이다. 그 모든 것 위에는 더 높은 무언가가 있다. 살아 있는 존재가 스스로 살아가기 위해 길을 열고, 살아가기 위한 자신만의 법칙을 만들어낸다. 그 어떤 것도 그것을 막을 수는 없다.'

　리비에르는 상업 항공이 야간 비행 문제를 언제, 어떻게 해결할지 전혀 알 수는 없었지만, 그 불가피한 해결책을 미리 준비해야 한다고 생각했다.

리비에르는 초록색 식탁에서 주먹으로 턱을 괸 채, 수많은 사람들의 반박을 들었던 것을 생생하게 기억하고 있었다. 그 반박들은 처음부터 이미 사망 선고를 받은 것처럼 공허하게 들렸다. 그는 자신 안에 응축되는 힘의 무게를 느꼈다. 리비에르는 생각했다.

'나는 이길 것이다. 논리의 무게가 이미 굳건하게 내 편에 있으니, 이것이 사태의 자연스러운 추세다.'

사람들로부터 모든 위험을 피할 수 있는 이상적인 해결책을 요구받았을 때, 리비에르는 이렇게 말했다.

"경험이 우리에게 법칙을 만들어 줄 것입니다. 법칙이 결코 실제 경험보다 앞설 수는 없습니다."

오랜 논쟁 끝에, 마침내 리비에르는 승리했다. 어떤 이들은 "그의 신념 때문에 승리했다"라고 말했지만, 다른 이들은 "아니, 그의 끈기 때문입니다. 저 사람은 곰만큼이나 완고하게 밀어붙이니까요!"라고 했다. 그러나 리비에르는 자신의 승리는 올바른 제대로 된 방향으로 밀어붙였기 때문이라고 했다.

초기 시절에는 안전이 최우선이라는 생각으로 조심의 조심을 기하지 않았던가! 비행기는 해뜨기 한 시간 전에 출발할 수 있었고, 해가 진 후 한 시간 내에 착륙해야만 했다. 리비에르는 자신의 경험을 바탕으로 확신을 갖게 되었을 때에만, 비로소 밤 깊은 시간에 우편기를 보내는 모험을 감행할 수 있었다. 추종자도 거의 없고, 반박만 당하면서도 지금까지 그는 외로운 싸움을 계속하고 있었다.

리비에르는 비행 중인 우편기들로부터 들어온 최신 메시지를 알아보기 위해 벨을 눌렀다.

XII

그러는 사이에 파타고니아 우편기는 폭풍 속으로 들어가고 있었고, 파비앵은 폭풍을 피해 우회하겠다는 생각을 포기했다. 그는 폭풍이 너무 광범위하게 넓게 퍼져있다고 판단했다. 번개 줄기가 내리치는 광경은 내륙 깊숙이까지 이어지며 구름의 커다란 성벽이 연속으로 길게 늘어선 모습을 드러냈기 때문이었다. 그는 폭풍 아래를 통과하는 것을 시도해보기로 결심했고, 상황이 악화될 경우 되돌아가려고 마음먹고 있었다.

그는 자신의 고도가 5,500피트임을 확인했다. 비행기의 고도를 낮추기 위해 조종간을 잡은 손바닥에 힘을 주었다. 엔진이 심하게 요동치기 시작했으며, 비행기도 전체적으로 상당히 흔들렸다. 파비앵은 지도를 확인하며 언덕의 높이가 약 1,600피트임을 확인한 뒤, 하강 각도를 대략 조정했다. 안전 고도를 확보하기 위해 2,000피트 조금 넘는 고도로 비행하기로 결정했다.

도박사가 거금을 걸고 도박하듯이 비행기의 고도를 과감하게 낮췄다.

소용돌이에 기체가 휘말려 아래로 끌어내려졌고, 비행기는 더욱 격렬하게 흔들렸다. 파비앵은 눈에 보이지 않는 붕괴 사태가 자신을 둘러싼 모든 것을 쓰러뜨릴 것 같은 위협을 느꼈다. 그는 잠깐 동안이라도 되돌아가 수많은 별들을 다시 볼 수 있기를 바랐지만, 각도를 단 일도도 경로를 바꿀 수가 없었다.

파비앵은 자신의 가능성을 저울질해 보았다. 아마도 이건 단지 국지적인 폭풍일 것이다. 다음 기항지인 트렐레우에서는 하늘의 사분의 삼만큼만 구름으로 덮여 있다고 신호가 왔기 때문이다. 앞으로 20분 정도만 이 콘크리트같이 단단하고 짙은 어둠을 버틴다면 이 상황을 벗어날 수 있었다. 그럼에도 불구하고, 파비앵은 불안함을 느꼈다. 파비앵은 휘몰아치는 바람이 부는 왼쪽으로 몸을 기울이며, 칠흑같이 어두운 밤에도 여기저기 떠돌아다니는 희미한 불빛이 무엇인지 알아보려고 애썼다. 그러나 그 희미한 불빛은 빛도 아니었다. 기껏해야 짙은 어둠 속에서 보일락 말락 하는 농도의 변화이거나 아니면 그저 그의 눈이 피로해서 보이는 착시현상이었다.

무선 기사가 그에게 건넨 쪽지를 펼쳐보았다.

'우리는 지금 어디에 있는 것입니까?'

파비앵은 여기가 어딘지 알 수만 있다면, 어떤 대가라도 치를 수 있을 것 같았다. 그가 대답했다.

"정확히 말씀드릴 수가 없습니다. 우리는 지금 폭풍을 가로질러 나침반에 의지해 비행 중입니다."

그는 다시 몸을 숙였다. 엔진에 매달린 배기관 불꽃이 그의 신경을 자극하고 있었다. 그 불빛은 너무나 희미해서 달빛이라도 비추면 사그라질 것 같았으나, 이 빛이라고는 전혀 없는 암흑 속에서 눈에 보이는 세계를 온통 집어삼키고 있었다. 그는 불꽃이 횃불의 불길처럼 바람 때문에 거세게 불꽃을 내뿜고 있는 것을 지켜보았다.

파비앵은 30초마다 조종석으로 몸을 숙여 자이로스코프와 나침반을 확인했다. 그는 조종석의 희미한 붉은 램프를 켤 엄두조차 내지 못했다. 그것을 켜면 한참 동안 눈이 부셨기 때문이다. 그러나 라듐으로 빛나는 계기판 바늘들은 끊임없이 희미하고 별빛 같은 빛을 발하고 있었다. 조종사는 그런 바늘과 숫자들 속에서, 마치 파도에 휩쓸리는 배의 선실 안에서 느끼는 것과 같은 미묘한 안도감을 느꼈다. 밤, 그리고 밤이 품고 있는 모든 것들─온갖 바위, 표류물 그리고 언덕 등─이 하나같이 놀라운 운명으로 비행기를 향해 밀려오고 있었기 때문이다.

"우리가 지금 어디에 있는 거죠?"

무선 기사가 다시 물었다.

생각에 잠겨있던 파비앵은 다시 고개를 들고 몸을 왼쪽으로 기울인 채, 그 긴장되는 감시를 계속 이어갔다. 그는 이제 자신을 묶고 있는 이 어둠 속에서 벗어나려면 얼마나 많은 시간이, 어떤 노력을 해야 하는지 전혀 감을 잡지 못했다. 그는 과연 자신이 벗어날 수 있는지 의문이 들었다. 왜냐하면 그는 이 더럽고 구겨진 작은 종이쪽지에 목숨을 걸고 있었기 때문이다. 그는 그것을 펼쳐 수천 번 읽으며 희망을 품었다.

'트렐레우, 하늘은 사분의 삼 정도 구름으로 덮임. 약한 서풍.'

만약 트렐레우 하늘의 사분의 삼 정도가 구름으로 덮여 있다면, 어딘가에는 작은 틈이 있을 것이며, 파비앵은 곧 구름의 틈새로부터 빛을 볼 수 있을 것이었다. 그렇지 않다면…….

저 멀리 희미하게 비추는 빛이 그를 앞으로 계속 나아갈 수 있게 했지만, 의심이 가시지 않기 때문에 확실하게 하기 위해 무선 기사에게 급히 휘갈겨 쓴 메시지를 건넸다.

'통과할 수 있을지 모르겠음. 후방 쪽 날씨가 어떤지 알려주기 바람.'

그에게 돌아온 답변은 그를 경악하게 했다.

'코모도로 보고: 여기로 되돌아오는 것은 불가능. 폭풍이 심함.'

파비앵은 안데스산맥에서 바다를 향해 휘몰아치는 이 예기치 못한 폭풍의 공세를 예상했다. 그가 도시에 도착하기도 전에 폭풍이 도시들을 덮칠 것이다.

"샌안토니오 일기 상황은 어떤지 알아봐줘요."

"'샌안토니오 보고: 서풍이 불고 있음. 서쪽에 폭풍. 하늘은 구름으로 뒤덮임.' 샌안토니오는 잡음 때문에 잘 들리지 않는다고 합니다. 저도 여기 그쪽 소리를 알아듣기 힘듭니다. 방전 때문에 안테나를 끌어올려야 할 것 같습니다. 되돌아가실 건가요? 어떤 계획이 있으십니까?"

"그만 물어봐요! 바이아블랑카(아르헨티나 동부의 항구 도시) 일기 상황을 알아봐줘요!"

'바이아블랑카 보고: 20분 이내에 바이아블랑카 서쪽에 강한 폭풍 예상.'

"트렐레우 일기 상황을 알아봐줘요."

'트렐레우 보고: 서쪽에 초속 100피트의 폭풍과 소나기.'

"부에노스아이레스에 전달해주세요. '우리는 사방에서 고립되었음. 800마일에 걸쳐 폭풍이 발달 중. 시야 없음. 어떻게 해야 합니까?'"

파비앵은 어느 항구(모든 항구는 접근 불가능하다고 보였다.)에도 정박할 곳이 없고, 새벽으로 향하는 길도 없는 끝없는 밤을 생각했다. 한 시간 이십 분 후면 연료가 바닥날 것이다. 조만간 그는 어둠의 바다 망망대해에서 허우적거릴 수밖에 없다.

아, 날이 샐 때까지만 견딜 수 있다면!

파비앵은 새벽을, 이 고된 밤을 지나 한 사람이 발을 디딜 수 있는 황금빛 모래사장의 해변으로 상상했다. 그의 발아래 평야는 마치 친근한 해안처럼, 안전함을 펼쳐 보일 것이다. 고요한 땅은 잠든 농장과 가축, 언덕들을 품고 있었다. 그리고 어둠 속에서 헤엄치는 모든 표류물들은 위협물이 되지 않을 것이다. 만약 할 수만 있다면, 그는 얼마든지 기꺼이 빛의 해안으로 헤엄쳐 가고 싶었다.

하지만 그는 잘 알고 있었다. 그는 포위되어 있다고 생각했다. 좋든 나쁘든 끝은 이 어둠 속에서 다가올 것이다.

정말로 날이 밝아 오면, 그것은 마치 병든 후 회복기에 접이든 것처럼 느껴지기도 했다.

태양이 떠오른 동쪽을 뚫어지게 바라본들 무슨 소용이 있는가? 그와 태양 사이에는 너무도 깊은 밤이 놓여 있어서 그 사이를 뚫고 다시 올라설 수 없을 텐데……

XIII

　"아순시온(남미 파라과이의 수도) 우편기는 순조롭게 진행되고 있으며, 약 두 시쯤이면 도착할 수 있을 것으로 예상되네. 그러나 파타고니아 우편기는 상당히 난항 중인 듯 해. 상당히 지연될 것으로 보이네."

　"알겠습니다, 리비에르 본부장님."

　"아마도 우리는 유럽행 우편기를 이륙시키려면 파타고니아 우편기를 기다리고만 있을 수는 없을 것 같네. 아순시온 우편기가 도착하는 대로 즉시 우리의 지시를 받으러 오기 바라네. 그럼 준비 태세를 갖추고 있도록."

　리비에르는 북부 기항지에서 보내온 재난 예보에 관한 전보를 다시 읽었다. 그 전보들은 유럽행 우편기에게 달빛 항로를 열어주었다.

‘맑음, 보름달, 바람 없음.’

브라질의 산들은 달빛 아래 뚜렷하고 선명하게 서 있었으며, 까맣고 울창한 숲의 가지들은 숱이 많은 머리카락 같이 은빛 바다의 물결 속으로 곧장 떨어졌다. 달빛은 그 숲 위를 비추고 있었지만, 까만 숲을 모두 물들일 정도의 빛은 아니었다. 바다 위에 떠 있는 표류물처럼 검은 섬들도 역시 점점이 검은 빛이었다. 그러나 모든 항로는 마르지 않는 달빛 샘물로 가득 차 있었다.

만약 리비에르가 지금 출발 명령을 내린다면, 유럽행 우편기의 승무원들은 밤새 부드럽게 비추는 안정된 세계로 들어가게 될 것이다. 이곳은 빛과 그림자의 균형을 위협하지 않는 세계로, 새로이 불어오는 시원한 바람이 한두 시간 만에 하늘 전체를 망가뜨릴 수 있는 그 바람의 가벼운 손길조차도 일렁이지 않는 세계이다.

그러나 리비에르는 이 넓은 달빛을 마주하며, 금지된 금광을 채굴하는 탐광자처럼 망설이고 있었다. 남쪽에서 일어나는 사건들은 야간 비행의 유일한 옹호자인 리비에르를 불리하게 만들고 있었다. 그의 반대자들은 파타고니아의 재난 사건으로 도덕적으로 매우 유리한 주장을 할 것이며, 앞으로 리비에르의 모든 신념은 무력하게 될 지도 모를 일이었다. 그렇지만 리비에르의 신념이 흔들린 것은 아니었다. 그의 과업 중에서 발생한 작은 빈틈 하나가 비극을 낳았다고 하더라도, 그 비극도 작은 빈틈이 있다는 것을 입증할 뿐이지 다른 어떤 것들까지도 입증하지는 못했기 때문이다. 그는 다시 생각했다.

'아마 서쪽에 감시 초소를 설치하는 것이 좋을지도 모르겠군. 두고 봐야겠다.'

리비에르는 혼잣말로 중얼거렸다.

"결국, 내가 이전부터 얘기한 나의 신념은 여전히 변함이 없지. 오히려 이번 사건을 통해 드러난 것처럼 사고 가능성이 있는 원인을 하나 알게 되었으며, 이는 사고 원인이 하나 줄어든 것이지."

강한 자는 역경을 통해 더욱 강해진다. 문제는 우리가 인간과 벌이는 경기에서 사건의 진정한 의미가 거의 아무런 가치도 갖지 못한다는 것이다. 겉모습이 우리의 성공이나 실패를 결정하며, 하찮은 점수를 받는다. 그리고 단지 겉모습만으로 실패한 우리는 궁지에 몰리게 된다.

리비에르는 벨을 눌렀다.

"바이아블랑카에서는 아직 무전이 없었나?"

"네."

"전화로 연결해 주게."

5분 후, 그는 추가로 물었다.

"왜 소식을 전달하지 않나?"

"우린 우편기로부터 아무 소식도 듣지 못했습니다."

"연락이 없다는 건가?"

"모르겠습니다. 폭풍이 너무 심합니다. 설령 우편기에서 소식을 보낸다고 해도 우리가 수신하지 못할 겁니다."

"트렐레우에서는 소식을 들었다던가?"

"우린 트렐레우 소식도 들을 수 없습니다."

"전화하게."

"시도해봤습니다. 그런데 전화가 끊겼습니다."

"그쪽 날씨는 어떤가?"

"위협적입니다. 매우 무덥습니다. 서쪽과 남쪽에 번개가 치고 있습니다."

"바람은?"

"지금까지는 보통입니다만, 10분 안에 폭풍이 몰아칠 것 같습니다. 번개가 빠르게 다가오고 있습니다."

침묵.

"어이, 바이아블랑카! 내 말 들리나? 좋아. 10분 후에 다시 전화 주게."

리비에르는 남쪽 기항지에서 온 전보들을 살펴보았다. 모두 똑같이 우편기의 침묵을 보고하고 있었다. 비행기에서 소식이 없었다. 일부 기항지들은 이미 부에노스아이레스의 요청에 응답이 없었다. 태풍이 작은 도시들을 휩쓸면서 지도 위의 연락이 끊긴 지역이 점점 더 늘어났다. 빛 없는 거리마다 각각의 집들은 하나씩 문을 닫고 외부 세계와 격리되어, 어두운 바다 위의 배처럼 세상과 단절되어 있었다. 오직 새벽만이 그들을 구원할 수 있을 것이다.

리비에르는 지도를 펼쳐 놓고 여전히 맑은 하늘의 피난처를 찾아내기 위한 희망의 끊을 놓지 않고 들여다보고 있었다. 리비에르는 이미 30곳 이상의 지방 경찰서에 기상 상황을 묻는 전보를 보냈고, 그들의 답신이 도착하고 있었기 때문이다. 1,200마일에 달하는 지역의 무선국들 중 한 곳이라도 우편기로부터 어떤 신호가 포착될 경우, 30초 이내에 부에노스아이레스에 알리도록 지시를 내렸다. 부에노스아이레스에서 파비앵에게 즉시 어느 곳으로 피신해야 할지 알려 줄 수 있도록 하기 위한 조치였다.

직원들은 새벽 1시에 호출을 받고 각자 자기 사무실로 돌아갔다. 어쩌면, 앞으로 야간 비행이 중단되고 유럽행 우편기가 이제는 주간에만 출발하게 될 것이라는 소문이 파다하게 퍼지고 있었다. 그들은 속삭이듯이 파비앵, 태풍, 그리고 무엇보다도 이 자연을 거스른 것에 대해 점점 무너져가는 리비에르에 대해 마치 바로 곁에 있는 것처럼 상상하며 쑤군거렸다.

그러다가 그들의 잡담은 갑자기 멈췄다. 리비에르가 바로 문 앞에 서 있었기 때문이다. 외투는 가슴까지 단단히 여미고, 모자는 눈 위까지 깊게 눌러쓰고 있는 것이 꼭 영원히 여행하는 사람처럼 보였다. 리비에르는 차분하게 사무장에게 다가갔다.

"지금 시각이 1시 10분이오. 유럽행 우편기 서류는 준비되었습니까?"

"저…… 제가…… 생각하기로는……"

"당신의 임무는 지시를 따르는 것이지, 생각하는 것이 아닙니다."

리비에르는 천천히 몸을 돌려 두 손으로 뒷짐을 지고 열린 창문 쪽으로 다가갔다. 한 직원이 그에게 다가왔다.

"본부장님, 응답이 거의 없습니다. 내륙의 많은 전신선들이 끊어졌다는 소식을 들었습니다."

"그렇군!"

리비에르는 움직이지 않고 캄캄한 밤하늘을 응시했다.

들어오는 소식마다 파비앵이 모는 우편기의 위험을 타전하고 있었다. 각 도시들은 아직 통신선이 끊어지기 전에 회신을 보낼 수 있을 때, 마치 침략하는 군대처럼 다가오는 태풍을 알려왔다.

'태풍은 내륙, 안데스산맥에서 오고 있음. 모든 항로를 휩쓸고 바다 쪽으로 향하고 있음.'

리비에르는 별들은 지나치게 밝게 빛나 보였고, 공기는 너무 습하게 느껴졌다.

'정말 이상한 밤이군!'

그 밤은 마치 윤기 나는 과일의 속이 썩어가는 것처럼 여기저기 썩어가고 있었다. 온갖 무리 속의 별들은 여전히 부에노스아이레스의 하늘을 수놓고 있지만, 오하시스 같은 오래가지 못할 한 순간에 지나지 않았다. 어쨌든 파비앵이 닿을 수 없는 피난처였다. 사악한 바람에 스며들고 오염된 위협적인 밤. 정복하기 어려운 밤이었다.

어디선가 깊은 밤의 심연 속에서 우편기가 위험에 처해 있었고, 사람들은 이곳 주변에서 그저 무기력하게 그것을 바라보고 있을 뿐이었다.

파비앵의 아내가 전화를 했다.

그녀는 남편이 돌아오는 날 밤마다 파타고니아 우편기의 진행 상황을 계산해 보곤 했다.

"지금쯤 트렐레우를 이륙했겠지……."

그녀는 혼잣말로 중얼거렸다. 그런 다음 다시 잠자리에 들었다. 얼마 지나지 않아 다시 잠에서 깨어 중얼거렸다.

"샌안토니오에 가까워지고 있을 테고, 그곳의 불빛이 보이겠네."

그런 다음 그녀는 침대에서 벌떡 일어나 커튼을 젖히고 하늘을 살폈다.

"잔뜩 낀 구름 때문에 힘들겠네."

때때로 달은 양치기처럼 떠돌았고, 그런 밤이면 젊은 아내는 달과 별, 즉 남편을 지켜보는 수많은 존재들로부터 용기를 얻고 다시 잠자리에 들었다. 새벽 한 시쯤 되자 그녀는 남편이 가까이 있음을 느꼈다.

"그리 멀지 않은 곳까지 와 있어. 부에노스아이레스가 보일 거야."

그때쯤 그녀는 다시 일어나 남편을 위해 식사를 준비하고, 따끈한 커피를 준비했다.

"저 높은 곳은 너무 추울 테지!"

그녀는 언제나 마치 남편이 눈 덮인 봉우리에서 막 내려온 것처럼 그를 반겼다.

"추웠지요!"

"전혀 안 추워."

"그래도 몸 좀 녹여요!"

그녀는 새벽 1시 15분에 모든 준비를 마쳤다. 그리고 전화를 걸었다. 오늘 밤도 평소와 다름없는 질문을 했다.

"파비앵은 도착했나요?"

전화를 받은 직원은 조금 당황한 듯했다.

"누구십니까?"

"시몬 파비앵이에요."

"아! 잠시만 기다려 주십시오. ……"

대답하기가 두려웠던 직원은 수화기를 사무장에게 건넸다.

“누구신가요?”

“시몬 파비앵입니다.”

“예, 무슨 일이시죠?”

“제 남편이 도착했나요?”

한동안 그녀를 당황하게 했을 법한 침묵이 흐른 후, 짧은 대답이 돌아왔다.

“아니요.”

“연착인 건가요?”

“네.”

또 다시 침묵이 흘렀다.

“네, 연착입니다.”

“아!”

상처 입은 생물의 울부짖음. 약간의 지연은 별 것 아니지만, 그것이 계속되면, 계속되면……

“네. 그러면 언제……언제쯤 도착할 것으로 예상하시나요?”

“언제 도착할 것으로 예상하냐고요? 저희는…… 저희도 정확히 말씀드리기 힘듭니다.……”

그녀의 앞에 단단한 벽, 침묵의 벽이 서 있었다. 그 벽은 그녀의 질문에 대한 메아리만을 돌려줄 뿐이었다.

“제발 대답 좀 해주세요. 지금 그이는 어디쯤 있는 건가요?”

“그가 어디쯤 있느냐고요? 잠시 만요……”

이 긴장감은 마치 고문과 같았다. 저 벽 뒤에서 무슨 일인가 일어나고 있었다.

마침내, 목소리가 들렸다.

"파비앵은 저녁 7시 30분에 코모도로에서 이륙했습니다."

"그래서요? 그리고 그 후에는 요?"

"그 다음은……폭풍으로 인해 많이 지연되었습니다."

"아! 폭풍요……!"

부에노스아이레스의 밤하늘에 한가롭게 떠 있는 저 달은 얼마나 불공정하고, 교활한 달인가! 갑자기 그녀는 코모도로에서 트렐레우까지 비행하는 데 겨우 두 시간 정도밖에는 안 걸린다는 사실을 기억해냈다.

"그렇다면, 그이가 트렐레우로 가는 데 이미 여섯 시간 동안이나 비행하고 있다는 거잖아요! 그렇다면 분명히 그이가 소식을 보냈을 거 아니에요. 뭐라고 하던가요?"

"그가 우리에게 뭐라고 말했냐고요? 글쎄요, 보시다시피, 이런 날씨에서는… 부인도 잘 아시겠지만… 우리는 그와의 소식을 주고받지 못했습니다."

"이런 날씨라니요?"

"너무 걱정 마십시오, 부인. 그에게 소식이 닿는 즉시, 저희가 바로 전화로 알려드리도록 하겠습니다."

"아! 당신들도 아무것도 모른다는 얘기네요……."

"그럼, 안녕히 계십시오, 부인."

"아니! 아니요! 저는 본부장님과 이야기하고 싶어요."

"죄송합니다, 지금 매우 바빠서요. 회의 중이십니다……."

"그건, 저와는 상관없어요. 꼭 본부장님과 이야기를 나누고 싶어요."

사무장은 이마에 흐르는 땀을 닦았다.

"잠시만 기다려 주십시오."

그는 리비에르의 사무실문을 열었다.

"파비앵 부인이 본부장님과 말씀을 나누고 싶어 하십니다."

리비에르는 생각했다.

'그렇군, 내가 걱정하던 일이 드디어 터졌군!'

드라마틱한 감정적 요소들이 모습을 드러내기 시작하고 있었다. 리비에르는 처음에는 그런 요소들을 제쳐두려고 했다. 어머니와 여성들은 수술실에 들어가는 것이 허용되지 않기 때문이다. 그리고 위기에 처한 배에서는 감정을 모두 드러내지 않아야 한다. 감정은 승무원을 구하는 데에는 도움이 되지 않는다. 그럼에도도 불구하고 리비에르는 받아들이기로 했다.

"내 방으로 전화를 연결하게."

리비에르는 멀리서 떨리는 목소리를 듣자마자, 자신이 그 목소리에 응답해 줄 수 없다는 것을 깨달았다. 서로 이렇게 대립하는 것은 두 사람 모두에게 한없이 헛된 일일 뿐이다.

"너무 놀라지 마십시오, 부인. 저희 업계에서는 소식이 오랫동안 없을 때가 흔히 있는 일입니다."

그는 이제 더 이상 작은 개인적 슬픔의 문제가 아니라, 행동하려는 의지 자체가 문제인 지점에 이르렀다. 이제 리비에르 앞에는 파비앵의 아내가 아니라 또 다른 삶의 의미가 놓여 있었다. 리비에르는 그 소심한 목소리를 들으며, 한없는 슬픔이 배어 있지만 적의를 품고 있는 그 목소리를 듣고 동정할 수밖에 없었다. 개인의 행동이나 개인의 행복도 서로 나누어질 수 없기 때문이다. 그것들은 영원히 대립 중이다. 이 부인 역시 자신의 권리와 의무를 절대적인 세상의 이름으로 이야기하고 있다. 저녁 식탁 위를 밝히는 등불의 이름으로, 육체를 요구하는 또 다른 육체의 이름으로, 사랑과 희망, 추억으로 가득한 이름으로, 그녀는 자신의 행복을 요구하고 있었고, 그 점에서 그녀는 옳았다. 리비에르 역시 옳았다. 그렇지만 리비에르는 이 부인의 진실에 맞설만한 것이 아무것도 없었다. 리비에르는 자신 안에서 진실, 곧 자신의 비인간적이고 말로 다할 수 없는 진실을, 작은 집의 등불이라는 겸손한 빛 아래서 발견하고 있었던 것이다.

"부인…!"

그녀는 더 이상 그의 말을 듣고 있지 않았다. 그녀는 자신의 연약한 주먹으로 벽을 쳐서 멍이 들었고, 이내 지쳐서 자기 발밑에 쓰러져버린 것처럼 보였다.

어느 날 한 기술자와 건설중인 다리 옆을 지나가다가 부상당한 인부를 몸을 숙여 보고 있을 때, 기술자가 리비에르에게 이렇게 말했다.

"이 다리가 저 얼굴이 망가진 사람보다 더 가치가 있을까요?"

이 도로를 이용하는 농민들 중 누구라도 다른 다리까지 걸어서 돌아가는 수고를 덜기 위해 이 사람의 얼굴을 끔찍하게 훼손해도 된다고 말하지는 않을 것이다. 그렇더라도 사람들은 다리를 건설한다. 기술자는 계속해서 말했다.

"공공의 이익은 개개인의 이익들이 모여서 이루어질 뿐입니다. 그렇지만 그 이외의 것들은 무엇으로도 정당화되지는 못해요."

리비에르는 한참 후에나 그에게 대답했다.

"그럼에도 불구하고, 인간의 생명이 지구상에서 가장 소중한 것일지라도, 우리는 항상 인간의 생명보다 더 가치 있는 무언가가 있는 것처럼 행동하죠. …… 하지만 그것이 과연 무엇일까요?"

실종된 우편기의 승무원들을 생각하며 리비에르는 마음이 저려오는 것을 느꼈다. 인간의 모든 활동, 심지어 다리를 건설하는 일조차도 고통의 대가를 수반한다. 그는 더 이상 이 문제를 회피할 수 없음을 깨달았다.

'무슨 명목으로?'

그는 생각했다.

'어쩌면 이미 사라져버릴지도 모르는 그 승무원들은 행복한 삶을 살았을지도 모른다.'

그는 마치 황금빛 성소聖所 안에서 저녁 불빛이 나란히 얼굴을 숙인 사람들에게 비추는 광경을 보는 듯했다.

'어떤 명목으로 나는 그들을 황금빛 성소에서 끌어낸 것일까?'

그는 궁금해 했다.

'그들의 개인적인 행복을 빼앗을 권리가 과연 그에게 있는가? 제일의 법칙도 이러한 인간의 기쁨이 보호되어야 함을 규정하지 않았는가?'

그러나 그는 자기 자신이 그것들을 파괴하고 있었다. 하지만 언젠가, 피할 수 없이, 그 황금빛 성소들은 신기루처럼 사라진다. 심지어 리비에르 자신보다도 더 무자비한 노화와 죽음이 황금빛 성소들을 파괴해 버리기 때문이다. 어쩌면 지켜야 할, 보다 영속적인 다른 무언가가 있을 것이다. 어쩌면 리비에르는 인간의 바로 그 부분을 구하기 위해 일하고 있었을 것이다. 그렇지 않다면 그 행동은 정당화될 수 없을 것이다.

'사랑한다는 것, 오로지 사랑만 한다는 것은 아무 데도 이르지 못하는 막다른 골목길과 같다.'

리비에르는 사랑하는 일보다 더 큰, 막대한 의무감을 어렴풋이 느끼고 있었다. 그리고 그 깊은 곳에는 또 다른 감정, 온화한 감정이 숨어 있을 수 있었지만, 그것은 평범한 감정과는 완전히 다른 세계에 속한 것이었다. 그는 한때 읽었던 문구가 머릿속에 떠올랐다.

'한 가지 중요한 것은 그것을 영원하게 만드는 것이다…….'

이 구절을 어디서 읽었더라?

'너 자신 안에서 찾으려는 것은 결국 죽어 없어질 것이다.'

그는 페루의 고대 잉카인들이 세운 태양신의 사원을 떠올렸다. 산 위에 서 있는 커다란 선돌들. 이 선돌들이 없었다면, 막대한 돌들로 이루어진 그 강력한 문명이 남긴 것은 현대인에게 어두운 후회의 무게로만 남았을 것이다.

'어떤 기묘한 사랑과 어떤 무자비한 명목을 내세워, 그 원시 시대의 지도자는 자신의 무리들에게 이 사원을 산비탈 위로 끌어 올리게 하고, 그들에게 그들의 영원성을 세우도록 명령했을까?'

리비에르는 밤마다 작은 도시 사람들이 야외음악당 주변을 거니는 모습을 마음에 떠올렸다. 그는 생각했다.

'이런 종류의 행복, 말의 족쇄 같은 행복……'

고대 문명의 지도자는 인간의 고통에는 거의 연민을 느끼지 않았을지 몰라도, 죽음에 대해서는 한없는 연민을 느꼈다. 개인의 죽음이 아니라, 사막 모래 아래에서 지워질 운명에 처한 자신의 민족에 대한 연민이었다. 그래서 그는 자신의 백성들에게 사막이 결코 삼킬 수 없는 이 선돌들을 세우라고 명령했을 것이다.

XV

네 번 접힌 종이쪽지가 아마도 그를 구할 수 있을지도 모른다. 파비앵은 이를 악물고 종이쪽지를 펼쳤다.

'부에노스아이레스와 통신 불능. 전기 충격 때문에 손이 마비되어 키를 누를 수도 없음.'

화가 치민 파비앵은 회답을 하고 싶었지만, 글을 쓰기 위해 조종간을 손에서 놓는 순간, 거대한 파도 같은 것이 그의 몸을 휩쓸 듯 일어났고, 소용돌이는 5톤짜리 금속 덩어리를 들어 올려 마구 흔들었다. 그는 회답을 시도하는 것을 포기했다.

그의 손이 다시 그 파도를 움켜쥐고 진정시켰다.

파비앵은 숨을 거칠게 몰아쉬고 있었다. 만약 무선 기사가 폭풍을 두려워해서 안테나를 다시 감아 버린다면, 파비앵은 착륙한 후에 그의 얼굴을 갈겨주겠다고 다짐했다. 어떤 수를 쓰더라도 부에노스아이레스와 연락해야 했다. 교신만 된다면, 1,000마일 이상 떨어진 그곳에서 이 심연 속에 있는 그들에게 밧줄이라도 던져줄 것만 같았다. 단 한 줄기의 방황하는 빛, 심지어 희미한 여관의 등불은 거의 도움이 되지는 않겠지만 등대처럼 빛나는 육지가 가까이 있음을 알려줄 것이다. 그렇지만 그조차도 보이지 않았다. 적어도 그에게 어떤 목소리, 존재하지 않는 세상에서 들려오는 단 한 마디의 목소리라도 필요했다. 조종사는 주먹을 들어 붉은 빛 속에서 흔들며 뒤에 있는 무선 기사에게 이 비극적인 진실을 알리려고 했지만, 그는 폐허가 된 세상과 묻혀버린 도시, 그리고 꺼져버린 불빛이 있는 곳을 내려다보느라 그 진실을 알 수 없었다.

누군가가 파비앵에게 소리쳐 어떤 명령이라도 내린다면, 그는 어떤 명령이라도 따를 생각이었다.

'누군가가 나에게 빙빙 돌라고 말한다면, 원을 그리며 빙빙 돌 것이고, 그리고 만약 그들이 내게 정남쪽을 향해 가라고 한다면……'

어딘가에는, 지금도, 넓은 달그림자 아래 펼쳐진 부드러운 땅이 있을 것이다. 저 아래에 있는 그의 동료들, 현명한 학자처럼 모든 것을 아는 사람들은 마치 꽃처럼 예쁘게 매달린 등불 아래 지도를 세심히 살피며, 그런 땅이 어디에 있는지 모두 알고 있을 것이다. 하지만 그 자신은, 폭풍과 밤 외에는 무엇을 알 수 있는가? 어둠의 소용돌이에 휩쓸리는 이 밤 말이다. 분명 그들은 두 사람을 이러한 돌풍과 불타는 구름 속에 운명대로 남겨 두지는 않을 것이다. 아니, 그것은 절대 생각할 수 없는 일이다! 그들은 파비앵에게 '기수를 240도를 향해 나아가'라고 명령을 내린다면, 그는 그 명령을 따를 것이다. …… 하지만 그는 지금 혼자였다.

마치 기계마저 그의 격분에 감염된 듯했다. 엔진이 하강할 때마다 격렬한 진동이 발생하여 기체 전체가 분노로 몸부림치는 것 같았다. 파비앵은 엔진을 제어하기 위해 온 힘을 다하며 조종석에 몸을 웅크린 채 오직 자이로스코프만을 정면으로 주시했다. 외부의 하늘과 땅은 구별할 수 없었다. 마치 세상이 시작되는 어둠 속에 휩쓸려 길을 잃은 듯, 한데 섞여 있었기 때문이다. 그러나 비행기 계기판의 바늘은 점점 더 심하게 흔들려서 읽어내기 힘들 정도로 요동쳤다. 이미 조종사는 그 변덕스러운 계기판에 속아 악전고투 끝에 고도를 잃어버리고 말았으며, 이 어둠 속으로 서서히 빨려 들어가고 있었다. 그는 고도를 확인했다. 1,600피트였다. 그것은 언덕 정도의 높이였다. 그는 거대한 언덕들이 자신을 향해 현기증 나는 파도처럼 몰려오는 것을 직감했다. 이제 그 중 가장 작은 덩어리로도 자신을 없애버릴 수 있는 흙으로 된 땅덩어리가 모두 땅에서 뿌리 뽑히고 풀려나와 술 취한 사람처럼 그의 주위를 빙빙 돌고 있는 것 같았다. 어둠고 의미심장한 춤을 추면서 점점 더 그를 에워싸며 다가오고 있었다.

파비앵은 결심했다. 설령 충돌할 위험이 있을지라도 어디든 착륙하겠다고! 어쨌든 최소한 언덕을 피하기 위해, 그는 하나뿐인 조명탄을 발사했다. 조명탄은 불꽃을 내뿜으며 이리저리 회전하며 광활한 평원을 비추더니 이내 꺼져버렸다. 그곳은 바다가 펼쳐져 있는 곳이었다.

파비앵은 빠르게 생각이 스쳐지나갔다.

'틀렸어! 각도를 40도나 수정했는데도 진로를 벗어났군. 태풍이야. 육지는 어디에 있는 걸까?'

그는 정서쪽으로 방향을 틀었다. 그는 생각했다.

'다시 조명탄을 쏠 수 없으니, 이젠 죽었구나. 그리고 저 뒤에 있는 그 녀석! 무선 기사는 틀림없이 안테나를 접었을 거야.'

뭐, 언젠가는 이런 일이 일어나게 마련이었다. 하지만 조종사는 더 이상 무선 기사를 원망하지 않았고, 분노는 사그라졌다. 그가 단지 두 손을 놓아버린다면, 그들의 생명은 사소한 먼지처럼 사라져버릴 것임을 잘 알고 있었다. 그는 두 손에 고동치는 심장-자신과 동료의 심장-을 손에 쥐고 있었다. 그러자 갑자기 자신의 두 손이 오싹할 정도로 두려워졌다.

이 격렬한 폭풍 속에서 비행기를 휘몰아치던 그 순간, 조종간의 흔들림과 맞서기 위해, 그는 힘껏 조종간을 움켜쥐고 단 한 순간도 손을 놓지 않았다. 그렇게 하지 않는다면 진동으로 인해 조종석의 전선들이 끊어질 것만 같아서 계속해서 조종간을 움켜쥐고 있을 수밖에 없었다. 손에 너무 힘을 줘서 그런지 이제 그는 더 이상 손의 감각을 느낄 수 없었다. 너무 긴장해서 손이 마비된 것이었다. 그는 손가락을 움직여 자신의 손에 감각이 있는지 느껴보려고 했지만, 그것이 자신의 의지를 따르고 있는지 확인할 수가 없었다. 그의 팔 끝에 마치 두 개의 이상하고 낯선 물체가 매달려 있었고, 말랑한 고무 패드처럼 감각이 없었다.

"내가 뭔가 쥐고 있다는 사실을 열심히 상상해야 한다."

그는 중얼거렸다. 그러나 그의 생각이 손까지 전달되는지는 알 수 없었다. 조종간의 흔들림은 그의 어깨에서 오는 갑작스러운 통증을 통해 느껴졌다.

'틀림없이 내 손이 조종간을 놓치고 말거야. 내 손가락이 힘이 빠져 벌어질 거야.'

그의 이 무모한 상상이 그를 더욱 두렵게 했다. 그가 그런 말을 생각했다는 사실에! 왜냐하면 이제 그는 자신의 손이, 자신의 막연한 상상의 어두운 암시에 굴복하여, 천천히, 아주 천천히 벌어지며 자신을 배신하고 그를 어둠 속에 놓아버릴 것 같은 느낌을 받았기 때문이다.

그는 계속해서 투쟁을 이어가며, 자신의 운을 시험해 볼 수도 있을 것 같았다. 외부에서 운명이 우리를 공격하지는 않는다. 그러나 인간은 자신의 운명을 내면에 품고 있으며, 스스로가 나약하다고 느끼는 순간에 찾아온다. 그리고 바로 그때, 마치 어지럼 중 속에서처럼, 실수 위에 또 다른 실수가 우리에게 엄습해온다.

그리고 바로 그 순간, 폭풍의 틈을 가로질러 그의 머리 위에는, 깊은 심연 속 치명적인 유혹처럼, 별 한두 개가 빛나고 있었다.

그는 그것들이 덫임을 너무나 잘 알고 있었다. 사람이 구덩이 끝에서 세 개의 별을 보고 그쪽으로 오르기 시작하면, 그 다음에는 결코 다시 내려올 수 없으며 별을 깨문 채로 그곳에 영원히 머물러야 할 것이다.

그러나 빛에 대한 욕망이 너무 강하여 그는 올라가기 시작했다.

XVI

파비앵은 별들이 방향을 알려주는 길잡이가 되어주었기 때문에 돌풍을 잘 피하면서 점점 위로 올라갔다. 희미한 별빛이 그를 이끌었다. 너무도 오랜 시간 동안 빛을 찾아 헤맨 뒤라, 그는 가장 희미한 빛조차 포기하고 싶지 않았다. 작은 여관의 희미한 빛일지라도 부자가 된 것 같은 그는 죽을 때까지 이 신호 주변을 맴돌 수도 있을 것 같았다. 이제 그는 빛의 들판을 향해 날아올라가고 있었다.

그는 조금씩 나선형을 그리며 자신의 바로 위에서 열렸다가 다시 닫히는 우물 속으로 올라갔다. 그가 위로 올라갈수록 구름들은 어둠의 그림자를 깨끗하게 털어내고 점점 더 맑고 하얀 파도가 되어 그를 스쳐 지나갔다. 파비앵은 어둠을 뚫고 솟아올랐다.

그리고 이제 그는 경이로움에 사로잡혔다. 그 빛에 눈이 부셔 몇 초 동안 눈을 감고 있어야만 했다. 그는 밤하늘의 구름이 이렇게 눈부실 수 있다는 것을 꿈에도 생각해 본 적이 없었다. 그러나 보름달과 모든 별자리들이 구름들을 빛의 물결로 바꾸어 놓았다.

파비앵이 고도를 올려 솟구치던 바로 그 순간, 순식간에 비행기는 이해할 수 없을 정도로 평온을 되찾았다. 비행기는 흔드는 파도 하나 없는, 마치 방파제를 지나는 배처럼 고요한 물결 위를 움직였다. 그는 마치 행복한 섬들로 이루어진 만처럼, 알려지지 않은 미지의 하늘 한 구석으로 떠다니고 있었다. 바로 아래쪽에서는 여전히 돌풍과 폭우, 번개로 뒤덮여 있는 10,000피트 두께의 폭풍이 또 다른 세상을 만들고 있었지만, 그것이 별들에게는 수정처럼 맑은 눈을 띠고 있는 얼굴일 뿐이었다.

파비앵은 자신이 천국과 지옥 사이에 있을 법한 이상한 세계 속으로 들어온 듯한 생각이 들었다. 왜냐하면 그의 손과 옷, 그리고 비행기 날개까지도 빛났고, 모든 것이 눈부시게 빛났기 때문이다. 그 빛은 별들로부터 내려오는 것이 아니라 그의 바로 아래 그리고 그 주변의 눈부신 하얀 구름들로부터 솟아나오고 있었다.

그의 아래쪽에 있는 구름들은 달빛이 흩뿌리는 눈송이처럼 흰 빛을 반사하고 있었고, 사방에 있는 탑처럼 높이 솟아 있는 구름들도 마찬가지였다. 비행기는 우윳빛처럼 빛나는 빛의 흐름 속을 맘껏 유영하고 있었다. 파비앵이 몸을 뒤로 돌리자, 무선기사가 미소 짓고 있는 모습이 보였다. 그가 외쳤다.

"이제야 좀 나아졌네요!"

그러나 그의 말은 비행기의 소음에 묻혀 들리지 않았고, 그들은 서로 미소로 대화를 나누었다. 파비앵은 생각했다.

'난 참 바보구나, 이렇게 웃다니, 우리는 길을 잃어버렸는데…….'

그럼에도 불구하고, 마침내 수많은 어둠의 긴 손들로부터 풀려났다. 잠시 동안 꽃들 사이에서 자유롭게 걸을 수 있도록 허락받은 죄수처럼, 그의 굴레가 풀린 것이다.

파비앵은 생각했다.

'정말 아름답다.'

그는 보물처럼 빼곡하게 들어찬 별들 속을 헤매고 있었다. 그 안에는 그 어떤 생명도, 가장 미세한 생명의 숨결도 없는 세계에서 오직 자신과 동료만이 있을 뿐이었다. 마치 전설 속 도시를 약탈하는 도적들처럼, 그들은 탈출구 없는 보물창고 안에 갇힌 듯 보였다. 이 얼어붙은 보석들 사이를 거닐며, 그들은 모든 꿈을 초월한 엄청난 부를 누리고 있었지만, 동시에 운명적으로 죽음에 직면해 있었다.

XVII

　파타고니아의 코모도로 리바다비아 기항지에서 한 무선 기사가 놀란 듯한 몸짓을 하자, 무기력하게 야간 근무를 계속하던 다른 모든 사람들이 그의 주변으로 몰려들어 몸을 숙였다.

　그들은 몸을 숙인 채, 불빛이 내리쬐고 있는 흰 종이를 들여다보았다. 무선 기사의 손은 여전히 주저하고 있었지만, 연필은 움직이고 있었다. 그의 손은 아직도 어둠 속에 갇혀 있는 이들의 말을 받아 적는 중이었지만, 이미 그의 손가락은 떨리고 있었다.

　"폭풍우인가요?"

　무선 기사는 동의의 뜻으로 고개를 끄덕였다. 폭풍으로 인한 잡음 때문에 소리를 거의 알아들을 수가 없었다.

　잠시 후, 무선 기사는 알아볼 수 없는 기호를 휘갈긴 다음 단

어를 적었다. 마침내 전문을 파악할 수 있었다.

'폭풍 바로 위 12,000피트 상공에 갇혀 있음. 바다 위를 표류하다가 내륙을 향해 정확히 정서쪽으로 비행 중. 아래쪽 시야는 전혀 없음. 여전히 해상 위를 비행 중인지 확인 불가. 폭풍이 내륙으로 확장중인지 알려주기 바람.'

폭풍 때문에 이 전보를 부에노스아이레스로 전달하려면, 여러 기지국을 거쳐야만 했다. 이 전보는 봉홧불을 전송하듯 이 망루에서 저 망루로 어둠을 뚫고 이어져갔다.

부에노스아이레스에서 답신을 보냈다.

'폭풍이 내륙 전역을 덮고 있음. 연료는 얼마나 남았나?'

'30분.'

이 짧은 전보는 야간 근무 중인 각 기항지의 무선 기사들을 거쳐 부에노스아이레스로 빠르게 전달됐다.

30분 내로 비행기는 폭풍의 소용돌이에 휘말려 땅으로 추락할 운명에 처했다.

XVIII

리비에르는 모든 희망을 잃은 채 깊은 생각에 잠겼다.

'이 비행기는 어둠 속 어딘가에서 침몰할 것이다.'

어린 시절 그에게 충격을 안겨준 한 장면이 그의 머릿속에 떠올랐다. 시신을 찾기 위해 연못의 물을 모두 퍼내고 있었다. 이번에도 또한 이 어둠의 덩어리가 땅에서 물러나고, 모래사장과 벌판 그리고 낮은 평원과 밀밭이 모습을 드러내기 전에는 아무것도 발견하지 못할 것이다. 그러다가 어쩌면 순박한 농부들이, 평화로운 풀밭과 황금빛 들판 위로 떨어져 두 팔로 얼굴을 감싸고 잠든 아이들처럼 보이는 두 명의 젊은 시신을 발견할 지도 모른다. 하지만 밤은 그들을 삼켜버릴 것이다.

리비에르는 마치 깊고 전설적인 바다 속에 묻혀 있는 보물처럼, 밤의 깊은 심연 속에 숨겨진 보물을 생각했다…… 아직 피어나지 않은 꽃들을 피우려고 날이 밝기를 기다리고 있는 그 밤의 사과나무들. 향기로, 잠든 어린 양들로, 아직 색을 띠지 않은 꽃들로 가득 찬 밤은 풍요롭다.

비옥한 땅과 젖은 숲, 이슬을 머금은 시원한 초원이 아침을 향해 조금씩 고개를 들것이다. 하지만 이제는 더 이상 위험하지 않은 언덕, 들판과 무리지어 있는 어린 양들 사이에서, 그 평화로운 세상 속에서 두 젊은이가 잠들어 있는 것처럼 보일 것이다. 그리고 눈에 보이는 이 세계에서 저 다른 세계로 흘러 들어갈 것이다.

리비에르는 파비앵의 아내가 걱정이 많고 다정다감한 성격의 소유자인 것을 잘 알고 있다. 그녀가 지금 누리고 있는 사랑은 마치 가난한 아이에게 잠시 빌려준 장난감처럼 잠시 동안만 그녀에게 주어진 것일 뿐이다.

리비에르는 조종간을 단단히 잡고 있는, 아직 몇 분간 그의 운명의 균형을 잡아줄 파비앵의 손을 떠올렸다. 그 손은 가슴 위에 놓인 신의 손처럼 그 가슴에 성난 감정을 일깨웠으며, 신의 덕을 지닌 손처럼 얼굴을 만져 표정을 달라지게 했다. 기적을 일으키던 손이었다.

파비앵은 이제 거대한 구름 바다의 장엄함 속에서 표류하고 있었지만, 그 아래에는 영원이 놓여 있었다. 그는 자기만 살고 있는 별자리들 사이에서 길을 잃고 헤매고 있었다. 잠시 동안 그는 우주를 손안에 쥐고 가슴으로 끌어안은 채 균형을 잡고 있었다. 그는 인간의 풍요로움의 무게를 상징하는 비행기의 조종간을 움켜쥐고, 절망적으로 별과 별 사이를 오가며 이 쓸모없는 보물을 싣고 다니고 있었지만…….

리비에르는 단 한 곳의 무선국만이 아직도 파비앵의 소리를 듣고 있을 것이라고 생각해 본다. 그와 세상 사이의 유일한 연결고리는 하나의 음파, 가녀린 주파수였다. 한탄도 아니고, 울부짖음도 아니었지만, 절망이 만들어낼 수 있는 소리 중에서 가장 순수한 소리였다.

XIX

로비노가 리비에르를 고독에서 이끌어냈다.

"본부장님, 생각을 좀 해 보았는데요. 우리가 이런 시도해 볼 수도 있지 않을까요?"

그는 실제로 제안할 만한 것은 아무것도 없었지만, 자신의 선의를 이런 식으로 성의표시를 했다. 로비노는 해결책을 찾고 싶었으며, 마치 풀어야 할 퍼즐을 푸는 심정으로 그 문제에 접근했다. 그리고는 항상, 리비에르가 받아들이지 못할만한 해결책을 내놓았다.

"로비노, 내가 말하지만, 인생에는 해결책이란 없네. 오직 추진력만 있을 뿐이야. 우리의 임무는 그 힘을 만들어 나가는 것이지. 그러면 해결책은 자연히 따라오게 되어있네."

그래서 로비노는 정비사들과 협력하여 추진력을 만들어내는 것으로 자신의 역할을 한정했다. 즉 프로펠러 중심축을 녹슬지 않도록 보호하는 겸손한 힘 말이다.

그러나 이날 밤의 사건들은 로비노를 무력하게 만들었다. 그는 비행장 감독으로써의 권한으로는 폭풍을 통제할 수도 없었고, 유령처럼 되어버린 승무원들에 대해서도 아무런 힘을 발휘할 수가 없었다. 승무원들은 이제 정시 이륙 시 받을 수 있는 특별 수당을 받기 위해서가 아니라 로비노의 처벌을 수포로 돌아가게 할 수 있는 유일한 처벌, 즉 죽음을 모면하기 위해 싸우고 있었다.

쓸모가 없어진 로비노는 하릴없이 사무실을 이리저리 돌아다니기만 했다.

리비에르는 파비앵의 아내가 면담을 요청했다는 말을 들었다. 불안에 떨며, 그녀는 직원 사무실에서 리비에르의 면담을 기다리고 있었다. 직원들은 그녀의 얼굴을 은근슬쩍 훔쳐보고 있었다. 그녀는 그들의 시선에 수치심을 느끼며, 불안한 표정으로 주위를 둘러보았다. 이곳의 모든 것이 그녀를 거부하는 듯했다. 그들은 마치 시체 위를 짓밟고 지나가는 듯 평소처럼 일을 계속했으며, 그들의 서류 속에는 인간의 생명과 고통이 없고, 단지 엄격한 숫자의 잔재들만 남아 있었다. 그녀는 파비앵에 대해 말해 줄만한 무언가를 찾아 헤맸다. 그녀의 집에서는 모든 것이 그의 부재를 알리고 있었다. 침대에 젖혀진 시트, 탁자 위의 커피, 꽃병 속 꽃……. 그러나 여기에서는 그의 어떤 흔적도 찾을 수가 없었다. 모든 것이 연민, 우정, 추억과는 대립하고 있었다. 그녀가 있는 자리에서는 사람들이 본능적으로 목소리를 낮췄고, 유일하게 그녀가 들은 문장은 장부를 요구하며 외치는 직원의 욕설이었다.

"발전기 장부, 빌어먹을! 우리가 산토스로 보낸 거 말이야."

그녀는 눈을 들어 이 남자를 무척 놀란 표정으로 바라보았다. 그리고는 벽에 걸린 지도 쪽으로 시선을 돌렸다. 그녀의 입술은 거의 알아차릴 수 없을 정도로 미약하게 떨고 있었다.

그 사무실 안에서 자신이 적대적인 진실을 드러내고 있는 것 같아서 그녀는 마음이 불편했다. 그녀는 이곳에 온 것이 후회되었고, 어딘가에 숨고만 싶었다. 사람들이 자기를 쳐다볼까봐 두려워서 기침을 한다거나 울 수도 못했다. 그녀는 이곳에서 마치 아무것도 걸치지 않은 채 그들 앞에 서 있는 것 같은 자신의 모습이 부적절하고 불손하다고 느꼈다. 하지만 그녀 안에 있는 진실이 너무 강력하여, 몰래 힐끔거리는 그들의 시선들은 그녀의 얼굴에서 진실을 읽어내려고 그녀 쪽으로 여러 번 향했다. 그녀는 너무나 아름다웠다. 그녀는 그들에게 행복의 거룩한 세계를 보여주고 있었다. 그녀는 인간이 행동하면서 얼마나 존엄한 무엇인가를 훼손하고 있는 지를 보여주고 있다. 그녀는 그들의 수많은 눈길 앞에서 두 눈을 감았다. 인간이 무지 속에서 자기도 모르게 쉽게 파괴해버리는 어떤 평화를 보여주고 있었다.

리비에르는 그녀를 맞아들였다.

그녀는 조심스러운 마음으로 자신의 꽃들과 테이블 위에 있는 커피, 그리고 자신의 젊은 몸을 생각해서 소심하게 하소연하러 온 것이었다. 다시금, 한층 더 냉기가 흐르는 이 사무실에서 그녀의 입술은 가냘프게 파르르 떨리기 시작했다. 그녀는 또한 이처럼 낯선 세계에서는 자신의 진실을 표현할 수 없다는 것을 깨달았다. 그녀의 열렬한 야생적인 사랑과 마음 속 헌신의 감정이 여기에서는 이기적이고 성가신 모습처럼 보일 것 같았다. 그녀는 이곳에서 도망치고 싶었다.

"제가 방해가 되었나요?"

"아닙니다, 부인. 전혀 그렇지 않습니다. 하지만 안타깝게도 부인이나 저나 할 수 있는 것은 오직 기다리는 것뿐입니다."

리비에르가 대답했다.

그녀의 어깨가 조금 들썩였고, 리비에르는 그 의미를 짐작했다.

'내가 집에 돌아왔을 때 보게 될 저 등불, 기다리는 저녁, 거기에 있는 꽃들……. 이런 것들이 무슨 소용이 있겠어요.'

언젠가 한 젊은 어머니가 리비에르에게 털어놓았었다.

"저는 아직도 제 아기의 죽음을 제대로 실감하지 못했어요.

견디기 힘들게 남아 있는 건 이렇게 사소한 하찮은 것들이에요. 준비해둔 아이의 옷이라든가, 밤에 깨어 마음속에 사랑의 물결이 일어날 때, 이제 아무 쓸모없는 제 젖가슴이라든가…… 모두 다 소용없죠!"

이 여인에게 있어서, 파비앵의 죽음은 바로 내일부터 시작될 것이었다. 이제는 아무 소용없는 모든 행동과 사소한 물건들 속에서 파비앵은 천천히 그의 집을 떠나게 될 것이다. 말로 표현할 수 없는 연민이 리비에르의 마음속에 일었다.

"부인……"

젊은 아내는 가벼운 미소, 거의 겸손에 가까운 미소를 지으며 몸을 돌려 물러났다. 그녀는 자신의 힘이 얼마나 큰지 알지 못했다.

리비에르는 다소 무거운 마음으로 자리에 앉았다.

'그렇지만 그녀는 내가 찾고 있는 것을 찾을 수 있도록 나를 도와주었지.'

그는 무심코 북쪽 기항지들로부터 온 전보들을 손가락으로 만지작거렸다. 그는 생각했다.

'우리는 영원하기를 바라는 것은 아니야. 다만 우리의 행위와 모든 사물들이 갑자기 그 의미를 상실하는 것을 보지 않기를 바랄 뿐이지. 그 순간에 우리를 둘러싼 완전한 공허함이 드러나게 되거든……'

그의 시선은 전보로 향했다.

'이것들을 통해 죽음이 우리에게 찾아오는 거야. 이제 더 이상 아무 의미도 없는 전보들.'

그는 로비노를 바라보았다. 이 남자 또한 쓸모없는 존재일 뿐이었다. 리비에르는 거의 가혹하다싶을 정도로 거칠게 그에게 말했다.

"내가 자네가 할 일이 무엇인지 일일이 지시해 주어야 하나?"

그리고는 직원들 사무실로 이어지는 문을 열고 들어갔다. 파비앵의 부인이 눈치 채지 못한 흔적들이 파비앵의 실종을 분명히 보여주고 있었다. 리비에르는 강하게 충격을 받았다. R.B.903이라 표시된 카드, 즉 파비앵의 비행기는 이미 벽면 게시판에 '사용 불가능 기계'란에 삽입되어 있었다. 유럽행 우편기의 서류를 준비하던 직원들은 출발이 지연될 것을 알고 일처리를 제대로 하지 않고 있었다. 지상에서는 더 이상 필요 없는 야간 근무를 하고 있는 승무원들에게 어떤 지시를 내려야 할지 묻는 전화가 걸려왔다. 살아 있는 사람들의 업무가 늦어지고 있었다.

'이런 게, 바로 죽음이구나!'

리비에르는 생각했다. 그의 일은 마치 바람 한 점 없는 바다 위에 고장 난 채 멈춰 있는 범선과 같았다.

리비에르는 로비노가 말하는 것을 들었다.

"본부장님, 그들은 결혼한 지 겨우 육 주밖에 되지 않았답니다!"

"가서 일 하게!"

리비에르는 여전히 직원들, 또한 그들 너머에 자신을 도와주고 있는 노동자들, 기술자들, 조종사들, 즉 자신이 수행한 일에 도움을 준 모든 사람을 바라보았다. 그 모든 사람들이 건설자라는 신념을 가지고 있었다. 사람들이 '섬들'에 대해 속삭이는 것을 듣고 그는 옛날의 배를 만들던 작은 도시들을 생각했다. 그 배에 희망을 싣기 위해서, 사람들이 그들의 희망이 바다를 넘어 돛을 활짝 펼쳐지는 것을 보기 위해 배를 만들었던 것이다. 그 배로 인해 모든 사람들이 위대해지고, 자신을 초월하며, 모두 구원받았다. 한 척의 배에 대해 리비에르는 생각했다.

'목표가 어쩌면 아무것도 정당화되지 못할지도 모른다. 중요한 것은 인간을 죽음으로부터 구하는 바로 그 행동이다. 그들은 그 배를 통해 계속 살아갈 수 있을 것이다.'

전보들에 본래의 의미를 회복시키고, 야간 근무하는 승무원들에게 그들의 불안을 되돌려주며, 조종사들에게 그들의 극적인 목적을 되찾아 줄 때, 비로소 리비에르 또한 죽음에 맞서 싸우게 될 것이다. 마치 바람이 바다 위의 범선에 생명을 되돌려주는 것처럼, 삶 자체가 그의 이 과업을 다시 활기 넘치게 만들어 줄 것이다.

XX

코모도로 리바다비아에서는 이제 아무 소리도 들을 수 없었
지만, 600마일 떨어진 바이아블랑카에서는 20분 뒤에 두 번째
메시지를 수신했다.

'하강 중. 구름 속으로 진입. ……'

그 후 트렐레우에서는 흐릿하게 들리는 두 단어의 메시지가
포착되었다.

'… 아무것도 보이지 않음 …'

단파는 이런 식이었다. 저쪽에서는 잡히는데, 여기서는 더 이
상 아무 소리도 들리지 않는다. 그러다가 아무 이유 없이 모든
것이 바뀐다. 위치가 알려지지 않은 그 승무원은 살아 있는 사
람들에게 시간과 공간을 벗어난 어딘가에서 자기의 존재를 알
린다. 그리고 무선국에서는 흰 종이 위에 이미 유령이 된 이들이

남긴 한두 단어가 적힌다.

연료가 이미 바닥난 것인가? 아니면 엔진이 멎기 전에 충돌 없이 땅에 안전하게 착륙하려고 조종사가 마지막 수단을 쓰고 있었던 것인가?

부에노스아이레스가 트렐레우에 지시를 내렸다.

"그에게 무슨 일인지 물어보시오."

무선국은 니켈과 구리, 압력계와 전선 다발이 널브러져 있어 마치 실험실처럼 보였다. 흰 작업복을 입은 야간 근무를 하는 무선 기사들은 마치 간단한 실험을 하기 위해서 조용히 몸을 숙이고 있는 듯 보였다. 그들은 섬세하게 기기를 다루며, 숨겨진 금을 찾는 채굴자처럼 자기장을 띤 하늘을 탐색한다.

"응답이 없습니까?"

"응답이 없습니다."

어쩌면 무선 기사들은 승무원들이 살아있음을 알리는 소리를 포착할 수도 있을 것이다. 만약 비행기와 동체의 그 불빛이 별들 사이를 헤집고 다시 하늘로 솟아오른다면, 그들은 소리ㅡ별이 노래하는 소리ㅡ를 들을 수도 있을 것이다.

일초 일초가ㅡ마치 피처럼ㅡ흘러가고 있었다. 그들은 아직도 비행을 하고 있을까? 매 초마다 그 희망이 사라져가고 있었다. 시간의 흘러갈수록 생명을 갉아먹고 있었다. 마치 20세기에 걸

쳐 시간이 사원을 스쳐 지나가면서 화강암 속에 길을 내서, 사
원을 먼지로 만들어 버리듯이, 일초 일초마다 시간 속에 마모의
세월이 쌓여 승무원들에게 위협을 가하고 있었다.

매 순간마다 무언가를 빼앗아가고 있었다.

파비앵의 목소리, 그의 웃음, 그의 미소까지도 빼앗아가고 있
었다. 침묵이 점점 더 무거워지더니 거대한 바다처럼 승무원들
을 짓눌렀다.

그때 누군가 중얼거렸다.

"1시 40분, 연료의 최종 한계 시간입니다. 이제 더 이상 난다
는 것은 불가능합니다."

그리고 다시 침묵에 휩싸였다.

마치 여행의 끝자락에서 느껴지는 쓸쓸한 맛처럼, 그들의 입
가에는 건조하고 쓴 맛이 번져 나왔다. 어떤 알 수 없는 일, 소름
끼칠 정도로 불쾌한 일이 일어났다. 반짝이던 니켈과 격자 모양
의 구리 선들 사이에서 모두 폐허가 된 공장에 감도는 우울함이
느껴졌다. 이 모든 기계 장비들은 무겁고, 무익하며, 더 이상 사
용되지 않는 것처럼 보였다. 죽은 나뭇가지들이 얽혀 있는 무게
만이 느껴질 뿐이었다.

이제 할 수 있는 것이라고는 날이 밝기를 가다리는 것이었다.

몇 시간 후면 아르헨티나 전역에 태양이 떠오를 것이다. 이곳
의 사람들은 점점 천천히 그들에게로 끌려오는 그물―잡아 올려

지는 것이 무엇인지 아무도 알지 못한 채-을 지켜보고 있는 해변의 어부들처럼 서 있었다.

자신의 사무실로 돌아온 리비에르는 운명으로부터 해방되었을 때 나타나는, 큰 재난이 끝난 후에만 찾아오는 그런 긴장의 이완을 느꼈다. 그는 경찰서에 연락해서 지원을 요청해 두었다. 그가 할 수 있는 일은 더 이상 아무 것도 없었고, 단지 기다릴 뿐이었다.

그러나 상(喪)을 치르는 집에서도 질서는 필요하다. 리비에르는 로비노에게 손짓했다.

"북쪽 기항지에 전보를 발송하게. *파타고니아 우편물에 상당한 지연이 예상됨. 유럽행 우편기의 불필요한 지연을 피하기 위해 파타고니아 우편기의 우편물은 다음 유럽형 우편기의 우편물과 함께 발송하겠음.'*"

리비에르는 몸을 약간 앞으로 숙였다. 그리고 힘겹게 무엇인가, 중요한 것을 떠올리려고 애썼다.

'그렇지, 바로 그것이었어. 확실하게 하기 위해서라도 당장 말해야겠다.'

"로비노!"

"네, 본부장님."

"문서 하나를 작성하게. 조종사들에게 '1,900회 이상의 엔진 회전을 금지한다.’는 문건이네. 엔진을 망가뜨리니까.”

“알겠습니다, 본부장님.”

리비에르는 고개를 조금 더 숙였다. 그는 아무에게도 방해받지 않고 혼자 있고 싶어졌다.

“로비노, 그게 다네. 가서 쉬게 친구!”

이 불행의 그림자들 앞에서도 그의 한결같은 태도에 로비노는 경외심이 들었다.

XXI

로비노는 우울한 기분으로 목적 없이 이 사무실에서 저 사무실로 떠돌았다. 그는 의기소침했다. 유럽행 우편기가 두 시에 출발할 예정이었으나 취소되어 날이 밝을 때까지 출발하지 못할 예정이었으므로, 회사의 생명은 완전히 멈춘 상태였다. 직원들은 굳은 표정으로 제자리를 지키고 있지만, 이제 그들의 야간 근무는 아무런 의미가 없었다. 북쪽 기항지에서는 재난 예보 전보가 규칙적으로 들어오고 있었다. '바람 없음', '하늘 맑음', '보름달'이라는 전보는 불모의 왕국을 떠올리게 했다. 돌과 달빛만 있는 황무지 말이다. 로비노는 자신이 무엇을 하고 있는지도 의식하지 못한 채, 사무장이 작업 중인 서류 하나를 뒤적이고 있다가, 갑자기 사무장이 그의 곁에 서서 비웃는 듯한 표정으로 서류를 돌려받으려고 기다리고 있음을 깨달았다. 마치 이렇게 말하는 듯 했다.

'이건 제가 해야 할 일입니다. 그냥 저에게 맡겨두시면 안 되겠습니까?'

비행장 감독으로서 부하 직원의 태도가 못마땅했지만, 말문이 막혀 심기가 불편한 상태로 어쩔 수 없이 서류를 되돌려주었다. 사무장은 기품 있게 자기 자리로 다시 돌아가 앉았다. 로비노는 생각했다.

'저 녀석을 내쫓았어야 했는데.'

그러고 나서 겉으로는 태연하게 걸으면서 자리를 옮겨 오늘 밤의 비극에 대해 생각했다. 이 비극으로 인해 리비에르의 야간비행 정책이 물거품이 될 것을 생각하니 로비노는 한숨을 쉬며 탄식하지 않을 수 없었다.

로비노의 마음속에는 리비에르가 혼자 자신의 사무실에 틀어박혀 있는 모습이 떠올랐다. 리비에르는 로비노를 "친구야!"라고 부르곤 했었다. 리비에르가 이정도로 철저히 지지를 잃은 적은 없었다. 로비노는 그에 대한 무한한 연민을 느꼈다. 로비노는 겉으로는 드러내지 않으면서 동정과 위로를 암시하는 막연한 문장들을 마음속으로 찾아보았다. 그는 정말 아름답게 느껴지는 어떤 감정에 자극을 받아 리비에르의 사무실 방문을 조심스럽게 두드렸다. 아무 반응이 없었다. 이런 침묵 속에서 문을 더 크게 두드릴 엄두를 내지 못한 그는 문손잡이를 잡고 돌리면서 밀었다. 리비에르는 그곳에 있었다. 로비노가 거의 친구처럼, 말하자면 동등한 입장에서, 리비에르의 방에 처음으로 발을 들여 놓는 순간이었다. 그는 스스로를 전투 중 부상당한 장군을 따라가고, 패배 후에도 그를 따르며, 망명 중 형제의 역할을 수행하는 하급 장교에 비유했다. 로비노는 마치 이렇게 말하고 싶었던 것 같았다.

'무슨 일이 있더라도 나는 당신과 함께 있겠습니다.'

리비에르는 아무 말도 하지 않고, 고개를 숙이고 자신의 손을 응시하고 있었다. 로비노는 점점 용기를 잃었고, 그의 앞에서 감히 말을 꺼내지 못했다. 패배했음에도 불구하고, 사자는 그에게 위협적이었다. 로비노는 충성심과 점점 불타오르는 열정의 말들이 그의 입술까지 올라왔지만, 눈을 들 때마다 사분의 삼쯤 기울어진 그의 얼굴, 희끗한 머리카락, 그리고 씁쓸한 고통으로 꽉 다문 입술과 마주쳤다. 마침내 그는 용기를 내어 말했다.

"본부장님!"

리비에르는 머리를 들고 그를 바라보았다. 리비에르는 너무 깊고, 너무 먼 생각에 빠져 있었기 때문에 지금까지 로비노의 존재를 거의 의식하지 못했다. 그가 무엇을 느꼈으며, 생각하는 것이 무엇인지, 그의 마음의 상실이 무엇이었는지는 아무도 알 수 없으리라. … 오랫동안 리비에르는 로비노를 마치 어떤 어두운 사건의 산증인처럼 바라보았다. 로비노는 마음이 불편했다. 로비노를 바라보는 리비에르의 입가에는 알 수 없는 조롱이 드리워져 있었다. 리비에르가 바라보면 볼수록, 로비노는 점점 더 얼굴이 붉어졌다. 리비에르는 로비노가 감동적이지만 불행하게도 직설적인 선의를 가지고 인간의 어리석음을 증명하기 위해 나타난 것만 같았다.

로비노는 당혹감을 감출 수 없었다. 하사관도, 장군도, 총알도, 모든 것이 더 이상 통하지 않았다. 설명할 수 없는 어떤 일이 일어나고 있었다. 리비에르의 눈은 여전히 로비노를 응시하고 있었다. 로비노는 어쩔 수 없이 자세를 바로잡고 왼쪽 주머니에서 손을 뺐다. 리비에르의 시선은 여전히 그에게 머물렀다. 마침내, 로비노는 자신도 무슨 말을 하는지 잘 알지 못한 채, 더듬거리며 몇 마디를 내뱉었다.

"본부장님, 지시를 받으러 왔습니다."

리비에르는 태연하게 시계를 꺼내보더니 간단하게 말했다.

"지금 두 시군. 아순시온 우편기가 두 시 십 분에 도착할 거야. 유럽행 우편기를 두 시 십오 분에 이륙시키게."

로비노는 야간 비행은 계속될 거라는 놀라운 소식을 널리 퍼뜨렸다. 그는 사무장에게 다가가 말했다.

"저 서류를 내게 가져오게, 검토해야 하니까."

사무장이 서류를 가져왔다.

"기다리게!"

사무장은 기다렸다.

아순시온 우편기가 곧 착륙한다는 신호를 받았다. 가장 최악의 시간 속에서도 리비에르는 전보 하나하나를 일일이 살펴보며 아순시온 우편기의 순조로운 비행 과정을 주시했다. 이 밤의 혼란 속에서도 그가 그렇게 하는 것이 자신의 신념에 대한 복수이자 증명이었다. 이러한 순조로운 비행은 전보를 통해 앞으로 이어질 수천 번의 비행도 순조로울 것임을 예고하는 것이었다. 리비에르는 생각했다.

'결국, 우리가 매일 밤 태풍을 만나는 것도 아니지! 일단 길이 한번 뚫리면, 그 길을 가지 않을 수 없지.'

마치 꽃이 활짝 피어 있고 낮은 집들과 흐르는 시냇물이 근사하게 펼쳐진 마법 같은 정원에서 내려오듯, 파라과이에서 각 기항지마다 거쳐 오던 조종사는 자신에게 하나의 별도 흐리게 하지 못하는 태풍의 가장자리에서 미끄러지듯이 내려오고 있었다. 아홉 명의 승객은 마치 보석으로 반짝이는 상점을 바라보듯 여행용 담요에 몸을 둘둘 감싼 채 이마를 창문에 대고 있었다. 아르헨티나의 작은 도시들이 별빛보다 창백한 달빛 아래에서 한밤중의 은은하게 빛나는 황금빛 조명을 있는 대로 내뿜고 있었기 때문이다. 앞쪽에 있는 조종사는 마치 양치기처럼 달빛으로 가득 찬 두 눈을 부릅뜨고 인간의 생명이라는 소중한 짐을 운반하는 임무를 두 손으로 떠받치고 있었다. 부에노스아이레스의 지평선은 이미 분홍빛 불길로 물들어져 있었으며, 곧 어떤 요정의 보물처럼 온갖 보석 장식으로 반짝일 것이다. 무선 기사는 하늘에서 민첩한 손가락으로 '*빠르고 경쾌하게*' 두드리며 연주했던 소나타의 마지막 음표 같은 마지막 전보를 타전했다. 리비에르의 귀에 익숙한 선율이었다. 그러고 나서 그는 안테나를 올리고 팔다리를 쭉 뻗어 기지개를 켜며 하품을 하고 미소 지었다. 또 하나의 여정이 끝나고 도착한 것이다.

방금 착륙한 조종사는 두 손을 주머니에 넣고 비행기에 기댄 채, 유럽행 우편기 조종사를 바라보았다.

"이제 자네 차례인가?"

"그렇지."

"파타고니아 우편기는 도착했나?"

"도착하지 못할 것 같아. 실종되었어. 날씨는 어떤가? 좋은가?"

"아주 좋아. 그럼, 파비앵이 실종된 건가?"

그들은 그에 대해 간단한 몇 마디만 나누었다. 그들의 깊은 동지애는 말로 표현할 필요가 없었기 때문이다.

아순시온에서 가져 온 우편물들은 유럽행 우편기에 실렸고, 조종사는 머리를 뒤로 젖히고 어깨를 조종석에 기댄 채 꼼짝도 하지 않고 별을 바라보았다.

그는 자기 내면에서 엄청난 힘이 솟아나는 것과 함께 강렬한 기쁨을 느꼈다.

"다 실었나? 그럼, 출발하라!"

누군가 물었다.

조종사는 움직이지 않았다. 엔진에 시동이 걸렸다. 이제 그는 비행기에 기대고 있는 자신의 어깨를 통해 비행기가 살아 움직이는 것을 느낄 것이다. 마침내, 그 모든 거짓 정보들-떠난다, 못 떠난다.-이후에야 조종사는 마음 편히 떠날 것이다. 그의 입술은 살짝 벌어져 있었고, 달빛 아래 그의 날카로운 하얀 이빨은 정글의 어린 맹수의 이빨처럼 반짝였다.

"조심해! 밤이잖아, 알지……!"

그는 동료의 충고를 듣고 있지 않았다. 손을 주머니에 찔러 넣고 머리를 뒤로 젖힌 채, 구름과 산, 바다와 강을 바라보며 조용히 미소 지었다. 그의 몸을 스치는 부드러운 미소였지만, 나무

사이로 스치는 바람처럼 온몸을 전율케 했다. 부드러운 미소였지만, 모든 구름과 산, 바다와 강보다 훨씬 강렬했다.

"왜 웃는 거야, 무슨 일이야?"

"그 어리석은 리비에르 때문이지, 그 사람이 말했잖아 … 내가 겁먹었을 거라고 생각하다니!"

XXIII

곧 그 비행기는 부에노스아이레스의 상공을 지나갈 것이고, 다시 현역에 복무하게 된 리비에르는 그가 떠나는 비행기 소리를 듣고 싶었다. 마치 별무리 속을 행진하는 군대의 발자국 소리처럼 천둥이 치듯 굉음을 내다가 조용히 사그라지는 소리를 듣고 싶었다.

팔짱을 낀 채로 리비에르는 직원들 사이를 지나가다가 창가에 멈춰 서서 귀를 기울이더니 생각에 잠겼다. 만약 단 한번이라도 출발을 중단시켰다면, 그것으로 야간 비행의 명분은 사라졌을 것이다. 그러나 리비에르는 내일 자신에게 반박할 연약한 자들을 앞서 또 다른 우편기를 어둠 속으로 떠나보냈다.

승리와 패배……이런 말들은 아무런 의미가 없다. 생명은 이러한 이미지들보다 더 깊은 곳에 존재하며, 이미 끊임없이 새로운 이미지들을 준비하고 있다. 한 민족은 승리로 인해 약해지고, 또 다른 민족은 패배로 인해 새로운 힘을 각성한다. 리비에르가 겪은 패배는 아마도 진정한 최종 승리에 가까이 다가가는 하나의 교훈일 것이다. 중요한 것은 오직 전진하는 사건뿐이다.

5분 안에 무선국들은 모든 기항지에 경보를 전달할 것이다. 1,000마일에 걸쳐 퍼지는 생명의 활기찬 전율이 모든 문제를 해결해 줄 것이다.

벌써 비행기라는 깊은 오르간의 음이 울려 퍼지고 있다.

리비에르는 다시 느긋하게 걸으면서 자신의 업무에 복귀한다. 그의 엄한 시선을 받으며 떨고 있는 직원들 사이를 지나간다. 승리의 무거운 짐을 짊어진 위대한 리비에르, 승리자 리비에르.

작가 연보

1900년　6월 29일 리옹의 프랑스 귀족 장 드 생텍쥐페리 백작의 2남3녀 중
　　　　차남으로 출생
1904년　부친 장 드 생텍쥐페리 백작 사망
1909년　예수회가 운영하는 노트르담 드 생크루아 학교 입학
1917년　동생 프랑수아 사망. 『Le petit prince』(어린 왕자)의 비극의 모티브
　　　　가 됨
1921년　군 입대. 비행기 조종 배움. 민간 비행사 면허 취득
1922년　군용기 조종 면허 취득
1926년　잡지《르 나비르 다르장Le Navire d'Argent》에 중편소설 『L'aviateur』
　　　　(비행사) 발표
　　　　라테코에르 항공사 입사. 야간 비행의 리비에르의 모델인 영업부
　　　　장 디디에 도라를 알게 됨
1929년　첫 장편소설 『Courrier Sud』(남방 우편기) 출판
1931년　『Vol de nuit』(야간 비행) 출판, 페미나상 수상, 영어로 두 번 영화
　　　　화 및 TV 영화화
1936년　스페인 내전 파견. 이 경험이 『Terre des hommes』(인간의 대지)의
　　　　밑거름이 됨
1939년　『Terre des hommes』(인간의 대지) 출판
1941년 1월 ~ 1943년 4월　미국에서 망명 생활

1942년 『Pilote de guerre』(전시 조종사) 영문판 출간
1943년 자유 프랑스 공군에 합류하여 전투에 복귀
『Le petit prince』(어린 왕자)를 미국에서 영어와 프랑스어로 동시
출판
1944년 7월 31일, 코르시카 상공에서 정찰 임무를 수행하던 중 생텍쥐페
리의 비행기는 실종되었고, 추락한 것으로 추정. 스트라스부르에
서 추도식 거행
1948년 프랑스에서 생텍쥐페리의 죽음을 '프랑스를 위한 죽음'으로 인정
1998년 마루세유에서 어부가 생텍쥐페리의 신분 인식 팔찌 발견
2000년 지중해 연안에서 생텍쥐페리 탑승 정찰기 잔해 발견
생텍쥐페리의 탄생 100주년을 맞아 그가 태어난 도시의 리옹 사
톨라스 공항을 리옹 생텍쥐페리 공항으로 개명
2003년 지중해 연안에서 생텍쥐페리 탑승 정찰기 잔해 추가 발견 및 인양

야간 비행

초판 1쇄 인쇄 2026년 3월 23일
초판 1쇄 발행 2026년 3월 30일

지은이 앙투안 드 생텍쥐페리
옮긴이 김진형
펴낸이 이효원
편집인 김성규
디자인 기린
펴낸곳 올리버
출판등록 제395-2022-000125호
주소 경기도 고양시 덕양구 삼송로 222, 101동 305호(삼송동, 현대헤리엇)
전화 070-8279-7311   **팩스** 02-6008-0834
전자우편 tcbook@naver.com

ISBN 979-11-94381-88-4 04080
     979-11-89550-89-9 (세트)

올리버 세계교양전집 목록